スゴ母列伝

いい母は天国に行ける
ワルい母はどこへでも行ける

堀越英美

大和書房

はじめに

今から一〇年以上前、慣れぬ育児で自己嫌悪の沼に落ちそうになっていた頃、心の支えにしていたエピソードがあった。作家の岡本かの子が、息子の岡本太郎を柱に縛って仕事に励んでいたという育児伝説である。

現代であれば通報待ったなし。いや当時であっても、相当の激ヤバ母さんだろう。だが、そんな雑な育児でも大芸術家が育つのだ。それなら縛り付けたことのない私の育児は全然大丈夫であるはず、と奇妙な安心感に包まれたものだ。

のちに読んだ川上未映子さんの育児エッセイ『きみは赤ちゃん』でも、同様のエピソードが記されていた。かの子に元気づけられるのは、私ひとりではなかったのだと意を強くしたのを覚えている。ロールモデルとして祭り上げられるようなキャラではないのに、一度耳に挟んだら最後、母親たちの心に棲み続けてしまう。おそるべし岡本かの子のワル育児。

岡本かの子は理想的な聖母や賢母とは言えないが、子どもの人生を乗っ取ろうとする〝毒母〟とも違う。ただただ自分自身であり続けたために、我知らず型破りな育児をしてしまっただけだ。正しい母になりきろうとするのではなく、自分を貫いて独特な育児をするスゴい母、それを本書では「スゴ母」と呼びたい。

自我を捨てて子どもに尽くす聖母も、子どもの自我を自分の自我と同一視する毒母も、母子一体型という意味ではいずれも日本的な母親像である。翻《ひるがえ》ってスゴ母は強烈な自我を持つあまり、子どもの自我と真正面からぶつかり合う。岡本太郎は母について、こう語っている。

母かの子は私にとって、まことに「母性」らしからぬ存在だった。（……）世の常の賢母とか慈母とか、そんな型にはまった母ではなく、まったくユニークな、なまなましい人間そのものとしてあった。いわゆる親子関係をはるかにふみ超えて、強烈な人間同士の、対等なぶつかりあい。

あの非母性的なところが、何ともいえぬ嬉しさだ。

（岡本太郎『母の手紙　母かの子・父一平への追想』）

世間に後ろ指さされても、子どもにこうまで言われたら母も本望だろう。

ワイルドなスゴ母たちは、母親を監視する世間の目に追い立てられ、「少しでも育児を間違えたら取り返しのつかないことになる」という思い込みにとらわれがちな現代の母親に希望を与えてくれる、実にありがたい存在なのである。

もっともっと多様なスゴ母を知り、自己肯定感に拍車をかけたい。そんな思いで古今東西のスゴ母エピソードを調べてみることにした。どの母もスゴすぎて育児のお手本にはきっとならないけど、「自分は自分のままでいい」と勇気が出ること請け合いである。

スゴ母列伝　もくじ

スゴ母❶

岡本かの子

岡本太郎の「不思議な母」

最初はやっぱり、岡本かの子から。

岡本かの子は明治二二年（一八八九）三月一日、多摩川のほとりにある神奈川県の大地主の長女として生まれた。生け花、お茶、裁縫に料理、女子のたしなみはどれも苦手。体裁を重んじる親戚に非難されても、母はかばった。「あの子はね、他の学問が好きなのだし、あの子の弾く琴の音色だつて違ひますよ。それに、あの子が他のどの点に優《まさ》つてもよいことは、正直で、素直なことです」（「忘れられぬ母の言葉」『岡本かの子全集 第14巻』所収）。かの子が普通の子どもとは違うことがわかっていた両親は、他家にお嫁にやることは諦め、音曲の師匠として静かに生きていければいいと思っていたようだ。

一方、かの子の夫となる岡本一平は、職業を押し付けようとする父親に反抗し、芸術の道に進んで虚無的に生きる美貌のプレイボーイだった。

一平は画学生の友人が旅行先で出会った不思議な文学少女・かの子の話に興味を抱く。

彼女を画学生三人で取り合ったと聞いて、女遊びに長《た》けた一平の戦闘心に火がついた。なあに、こちらは垢《あか》ぬけた美青年、多摩川べりの田舎女学生がころりと参らぬはずがない。ところがまぶたよりも大きく外ににじみ出ているような黒い瞳を持つかの子の純粋さは、彼にとってまったく未知のものだった。

何といふ感情丸出しの女だらう。彼女の瞳はちつとも男に対する防御工事が施して無かつた。男の言ふままを直《すぐ》に信じ直に受容《うけい》れんと待構《まちかま》へ居る生娘《きむすめ》の熱情が附添ひも何にも無しに野原にぽつねんと独りで佇《たたず》んで居た。

（岡本一平『へぼ胡瓜』）

「僕は相当に憶病で小狡《こずる》い男だった。まごころとか純真とかは嫌味《いやみ》で不便で痛い錐《きり》で揉み込まれるもののように思っていた」（岡本一平『かの子の記』）というヤサグレ青年は、天衣無縫なかの子に魅入られた。もう女との駆け引きはいやだ。この純真な女の丸い膝にしがみついて泣いて、道化者の心を洗い清めたい。

会って二回目でいきなり泣き出す一平にかの子はぽかーんとして、わけがわからないまま一緒に泣きだした。泣いてしまえばあとは心を開いて語り合うしかない。

かの子は一平に、自分は一人前の女じゃないと打ち明けた。自然主義小説では性欲こそが人の生き甲斐のように書いてあるけれど、私は性欲がそれほどでもないみたい。兄は性欲がすごすぎて私の姿を目に入れただけで絶叫して玄関から外に押し出そうとするくらいなんだけど。それに比べたら全然よ。できそこないの私はずっと独身のまま多摩川べりの麦畑の中で琴を弾いて暮らすつもり。だから清いお友達でいましょうね。

小説を真に受けてこんなことを真顔で言う孤独な天然ボケ少女に、一平青年はニヒリストとしての顔を捨てて決心する。

どうしても俺《おお》れはこの娘を貰《もら》つて花が蕾《つぼみ》なら一番爛漫《らんまん》と咲かしてやる必要がある。

（岡本一平『へぼ胡瓜』）

トゥクトゥン。ラブ・ストーリーは突然に。それにしてもかの子の兄は大丈夫か。身分違いのかの子と結婚したい一平は、多摩川の出水《でみず》の知らせを聞いて一計を案じた。この大水ではかの子一家は二階で往生しているはずだ。そこへ自分が濁水を乗り越え、かの子に会いに行く。「如何《いか》にお互の情熱が沸くことだらう」（岡本一平『どぜう地獄』）。目論見通り、びしょびしょになりながら現れた一平の冒険話を、かの子の両親は大いに興《きょう》がった。一平は勢いで、父親に娘さんをくださいと迫った。家事もできないし差し上げるような娘ではないと断る父親。そんなことは覚悟の上、と頭を下げる一平。かの子の両親は言う。

「この娘は普通の子じゃない。一生めんどうをみてくれますか」

嫁に出すというより、手のかかるペットを引き渡すような言い草である。一平の自伝小説では直接触れられていないが、太郎の出産はここから六か月後の出来事なので、トゥクトゥンついでに早々と蕾を咲かせてしまったのだろう。できちゃったのなら仕方がない、というのが真相かもしれない。

普通じゃない夫婦

普通じゃない男女は、普通じゃない夫婦になった。当初は一平の実家で暮らしたが、当然のごとくかの子と舅姑《きゅうこ》らとのソリが合わず、夫婦は青山のアトリエ付二階家屋に引っ越す。

明治四四年（一九一一）二月、長男の太郎が生まれる。ＮＨＫの朝ドラであれば、おっちょこちょいな不思議ちゃんも子どもを産んでしっかり者に……となるところだ。しかし太郎曰く、かの子は赤ちゃんの頭にしょっちゅうけつまずくようなガサツなお母さんだった。さらに結婚後の一平は朝日新聞での風刺漫画が認められ、家にお金を入れず遊び歩いていた。食べる物にも事欠く極貧の生活の中で、太郎の二人の弟妹は幼くして亡くなってしまう。かの子は太郎に向かってうわごとのように言い聞かせた。

「あーあ、今に二人で巴里《ぱり》に行きましょうね、シャンゼリゼーで馬車に乗りましょうねえ」

（岡本かの子『母子叙情』）

貧困の中にあってもパリに憧れる浮世離れしたお母さんのもとで、太郎はひとりたくましく育った。

母・岡本かの子は、母親としては稀代の不器用で母親らしからぬ母親だった。

（……）人の世話をしたり、かしずくというようなことはおよそ不得手だった。私は幼な児の頃から放りっぱなし。生まれついての生命力で勝手におい育って来たという感じがする。母方の親戚などは「ほんとに、かの子さんの手にかかって、太郎さんはよく無事に育った」と噂していたそうだ。

（岡本太郎『一平かの子――心に生きる凄い父母』）

不器用とか世事にうといという以上に、自分の生きることにひたすら一生懸命で、子どものことなんか構っていられなかったというのが当っているだろう。

（岡本太郎『一平かの子――心に生きる凄い父母』）

有名な緊縛エピソードは、岡本太郎自身が何度もエッセイに書き記している。

その母は一日中私に背を向けて、庭に面した机の前に座って、いつも書きものをしていた。私が暴れたり、わめいたり、まったく答えてくれないのにたまらなくなって背にとびついて行くと、うるさがって、私を柱や箪笥《たんす》の鐶《かん》に兵児帯《へこおび》で縛りつけてしまう。私は裸で、本当に犬の子のように、四つん這いになって母の背中をかなしく眺めていた。

（岡本太郎『一平かの子――心に生きる凄い父母』）

哲学書を読む大人びた少年、岡本太郎

太郎出産の翌年にあたる大正元年（一九一二）末、かの子は第一詩集『かろきねたみ』を出版する。当時かの子は、歌人として身を立てることに燃えていた。

一平が遊び歩く一方で、かの子も愛人を一つ屋根の下に住まわせたりと「恋多き女」活動に明け暮れてもいた。複雑な夫婦関係は本書では紹介しきれないので割愛する（他の評伝を参照してください）。とにかくいろいろあったのである。そんなこんなで悩める母であったかの子は、子育てどころではなかったらしい。幼い太郎を相談相手にすることもあった。

母は漸《ようや》く物ごころつくかつかぬかの境の私に向って、一人前の男に対するように語ったり相談したりした。それは教育上よいことか悪いことか知らない。しかしひたむきになって難しいことも恥らうことも、うちあけて語る母にわたくしは自分が一人前の人格を備えた相手のように聞きながら、世の憂きことどもを心にやきつけられると同時にそれらを撥《は》ね返す力をも教えられ、確《しっか》りさせられた。

（岡本太郎『一平 かの子――心に生きる凄い父母』）

どっちが子どもだかわからない。それでも、天性の無邪気さゆえに「世間智のようなもの、また意地悪さなどという女っ気や大人びたところはみじんもなかった」母親を、息子は愛した。

率直な親に育てられた太郎にとって、学校の先生のごまかしやいやしさは耐えがたいものとなった。一年生で四つも学校を替えたのはこのためである。こうして太郎は小学生でショーペンハウエルを読み、父と哲学論や芸術論を戦わせるほど大人びた少年に育つ。父子の議論を聞いたご近所の人々は、その言い回しを面白がって「モチロンちゃん」というあだ名で呼んだ。

昭和四年（一九二九）一二月二日、岡本一家はついに念願かなってヨーロッパ外遊の旅に出る。一平にとってはパリに憧れるかの子へのプレゼントであったが、同時に一八歳になった太郎を芸術の本場で勉強させたいかの子の親心も託された旅だった。パリで学ぶ太郎を一人置いて、夫婦は帰国する。

さて、ここからがかの子の本領発揮だ。離れ離れに暮らすようになってから、がぜん息子愛が盛り上がる。同時に、作家としても成功し始めるのである。太郎宛の手紙は、そのことをよく伝えている。

それからラジオ童話劇書いたよ。たっしゃで、勉強家で家庭を幸福にしてパパを仕合せに勉強させて上げてるよ。
トキドキオコルケド、ジキナオルヨ、私この頃は。
かのコより

ボクはこの頃新進作家。あのね、文学賞もらったよ。文壇にセンセーションを起した一作をものしたさ。だけど太郎、ボクは新進作家のうちから大家の風格をもってる作品を書くタチだよ。（……）

太郎はどんな大人になったの、一寸見度いナ、オヤジみたいになったかい？

（岡本太郎『母の手紙　母かの子・父一平への追想』）

無邪気でかわいい「母親」

正直なところ、本稿の執筆当初は、一平・太郎の「かの子＝無邪気な童女」評がどうにも腑《ふ》に落ちなかった。これまで読んだ彼女の小説、そして既婚者なのに愛人と同居するという破天荒エピソードから受けた率直な印象は、「耽美派妖女」だったからである。
しかし手紙を読むと、なるほど二人が愛《め》でるのもよくわかるかわいさである。エッセイなども、力の抜けた小品はかわいらしいものがある。

私は私の心臓が可愛ゆい。駄々《だだ》つ子だつて我《わが》まゝだつて、私の胸郭の奥の方で寝そべつて、私のペツトが独《ひとり》芝居をやつて居るのだから、別に世間様の迷惑にもならないでせう。

若くつて、真赤で、健康で、感情家で、弱虫で、同情深い癖に、男の子のやうにイタヅラ好きで、英雄のやうに好い気なところもある私のペツト、私の心臓。――研究家の学者面の私の頭のヲバサンに時々叱られて一寸《ちよつと》しよげても、ぢきに平気で横つちよに寝そべつてお得意の自作の唄かなんかうたつてゐる。

（岡本かの子『私の心臓』）

かわいい。かわいいが、普通のおばさんがこんなことを語りだしたら「やかましいわ」と頭をはたかれてしまいそうなスレスレのかわいさである。
実際、成長した息子は、手紙を通じてかの子の童女性を時折たしなめてもいた。

小児性も生れつきでしょうがやめにして下さい。自分の持っている幼稚なものを許して眺めていることは、デカダンです。自分の持っていないものこそ、務めて摂取すべきです。一度自分のものとなったら、そこから出る不純物、垢《あか》は常に排泄《はいせつ》するのです。

（岡本かの子『母子叙情』）

息子からの怒られっぷりまで掲載した私小説『母子叙情』は文壇で大好評を博し、一平のサポートもあって小説家としての名声を確固たるものとする。独特な母子関係そのものが、文学に昇華したのだ。

タロへ

カノコ

大変な世の中になっちまったわねえ。（……）一たん日本へ帰らせ度く思い出したけれどでもそれは女の感情だとも気がついて居るよ。辛棒しようお互いにね。

田中さんでは三人のお嬢さんがみんな大学出の実業家へかたづいて、文子さんほくほくなのよ。でも、私はうらやまないつもり、私はもっとほかの幸福を味わう、私は私の芸術を太郎の芸術や生活をよく味了することの幸福を味わうという考えに落ちついて来たの。太郎がどんなに世界のはてに居ても同じこの世に生きて居ることを喜ぼう。ときどき逢えさえすれば甘い家庭の幸福なんか望むまい、と思うの。

（岡本太郎『母の手紙　母かの子・父一平への追想』）

こうした手紙からうかがえるのは、私の先入観とは裏腹に、かの子は決して世間我関せずの妖怪ではなかったということだ。バッシングに傷ついて、泣きわめきながら家に駆け込んできて一平にすがりつくこともたびたびだったという。

キラキラしたものに憧れ、こってりおめかしした自分を愛し、世間が自分と同じように自分を愛してくれないことに泣く。確かに童女だ。手紙からは芸術を優先して、母性をストイックに抑えつけている感じすらうかがえる。

太郎のパリ滞在中に、母・かの子は病死する。その知らせを聞いた太郎は、パリの街を泣きながら駆けずり回った。「自分が死んで、母が生きないものか！」。

こんなに永く、そして遠く、わかれていて、更に僕を淋しがらせなかったお母さんのいのち、どのくらい僕の裡《うち》に根強く生きていたかわかりません。そしてこれからも尚より強く生きつづけて行くのです。

（岡本太郎『母の手紙　母かの子・父一平への追想』）

太郎からの手紙に対し、一平は原稿用紙一六枚の裏表をびっちり埋め尽くした長文の手紙で応えた。

（……）「太郎には太郎の生涯がある」と、おかあさんは君を突き離し、君から離れてこんなことがいえるおかあさんではない。おかあさんの潜在意識は、業感は、寧《むし》ろ君と共に確実に在り得られることを絶対に信じ切ったが故に、こういい切れたのだ。太郎が太郎として生涯して行くこの方法の上に、おかあさんの自分の本流の「業《ごう》」も在ることを見究めたが故に、こうもいい切れたのだ。

（……）

一ばん考うべき事は、おかあさんの影響力の強いことだ。僕たちはおかあさんのそれによって青年期のニヒリズムを脱し、生甲斐《いきがい》を感ぜしめられるようになった人間だ。

（岡本太郎『母の手紙　母かの子・父一平への追想』）

二人のいうとおり、かの子の意識は岡本太郎が芸術家として大成したのちも生き続けた。

著名人となった太郎は、男子高校生と語り合う座談会企画に参加する。テーマはマザコン。高度成長期以降、既婚女性の専業主婦化が進み、男子は上げ膳据え膳で育つのが当たり前になっていた。べったり世話を焼いてくれる母親のことを「うるさい」「ほっといてもらいたい」と語る高校生たちに、太郎は問う。「なぜお母さんと話をしないのか」。「お母さんのことなんて、わかってるよ」。冷たく言い放つ高校生に、太郎の怒りが爆発した。

「何がわかってるんだ‼」

一人の女性が、そんな小生意気な口をきく男の子をそこまで育てる、その間にどんな人生のドラマを経てきたか。恐らく息子には言えない悩み、悲哀、絶望感、さまざまの深い思いを「母親」という役割の中に押しくるんで、懸命に母親としてふるまってきたのだ。その思いや辛さの、一粒の泪《なみだ》ほども汲みとってやろうとしないで、何でもわかっている、などとウソブく傲慢、非人間性、許せない。

（岡本太郎『一平かの子──心に生きる凄い父母』）

言うたって！　どんどん言うたって！　と全国の母の叫びが聞こえてきそうなこの文章、

初出は昭和五六年である。現代のように女性の本音がソーシャルメディアで可視化されておらず、女は結婚して育児さえしていれば幸せと信じられていた昭和の時代に書かれたものとは思えない。

母親をひとつの人格を持った個人としてみる母親観は、その芸術同様、日本人離れしている。ここには確かに、かの子の意識が息づいている。世間が求める「母」の型にはまることなく、泣き、笑い、甘え、徹底的に子どもにとっての他者であり続けたことで、かの子はヒューマニティを子どもの生命に刻み付けたのだ。

人間にとっての親は、一人の孤独な他者である。共に生き、影響し、覆いかぶさるような力をもって影響しながら、また、はね返され、共にたたかい生きた後に、やがて忘れられる、子にとってのもう一人の人間である。

（岡本太郎『一平 かの子――心に生きる凄い父母』）

スゴ母❷

マリー・キュリー

「キュリー夫人」とふたりの娘

特別科学に関心を抱いているわけではない一般的な日本人にとって、女性科学者と聞いて思い浮かぶ名前はおそらく一人だろう。

キュリー夫人ことマリー・キュリー。移民かつ女性というハンデがありながら、ノーベル賞を二度受賞したスーパー偉人である。

生い立ちも非の打ち所がない。ポーランドで家庭教師の仕事をしながら姉のソルボンヌ大学の学費を仕送りし、姉が医師になってからは自分もソルボンヌ大学に入学。ピエール・キュリーと結婚後はラブラブ科学カップルとして数々の業績を挙げ、かつ二人の女の子のママとなる。夫の死後はソルボンヌ大学初の女性教授となり、娘たちをそれぞれノーベル賞科学者、作家に育て上げた。

マリーが一九二一年に初めてアメリカを訪れたときは、当時の大統領にこんな言葉で称えられている。

「気高い女性であり、また献身的な妻であり、やさしい母でもあり、その重く困難な仕事に加えて、女性としてのつとめをすべてはたした人」

良妻賢母とキャリアを両立した女の鑑《かがみ》。私たちがぼんやり知るマリー・キュリーはそんなイメージだ。だからこそ科学者という〝女らしくない〟職業であるにもかかわらず、ケア役割を果たす白衣の天使や修道女と並んで、あらゆる伝記全集に収録されるのだろう。保守的な大人たちのお眼鏡にかなう数少ないキャリア女性なのだ。

けれどもあまりに優等生すぎるマリー・キュリー像は、同性からすると、とっつきづらい存在である。

実のところ、マリーは確かに勤勉で魅力的な女性であったが、いわゆる良妻賢母ではなかった。それはそうだ。ノーベル賞の受賞インタビューでイクメンだったと語る男性科学者にはお目にかかったことがない。

では、どのようなお母さんだったのか。それは作家となった次女エーヴによる母の伝記『キュリー夫人伝』から窺《うかが》い知ることができる。

キュリー夫人は「どんな母」だったのか

エーヴは『キュリー夫人伝』の中で、母・マリーも父・ピエールも、ともに孤独を愛する性分だったと伝えている。

二人が出会ったとき、ピエールは身も心も科学に捧げている三〇代半ばの物理学者だった。大学時代の日記には、「女の天才などめったにいない」のだから、「周囲の人から遠ざからざるを得ないような仕事」に没頭するため、「女たちとは戦わなくてはならない」と記している。

「人生と自然の名のもとに、彼女らはわれわれを引き戻そうとする」

言ってみれば、ピエールは護身を完成した科学オタクだったのである。

一方のマリーは、家庭教師として住み込んだ先で長男に求婚され、主人夫婦に身分違いを理由に結婚に反対されるという屈辱的な目に遭って以来、恋愛を遠ざけていた。

男に絶望したマリーはこう書き綴っている。

「男性がどういうものか、これでよくわかります。(……)なぜ、頼んでもいないのに、罪のない者の平安を乱すのでしょう」

そっちから口説いてきてなんなん？　こっちは結婚してくれとか頼んでないんですけど？？？　と、現代女性なら女子会で咆哮《ほうこう》をあげるところだろう。

物理学の学士試験を首席で、数学の学士試験を二番で合格したマリーという「女の天才」を目の当たりにしたピエールは、自説をひるがえした。ここでマリーをロックオンしなければ、科学トークで気が合う女性なんて一生出会えそうもない。

ソルボンヌ大学を卒業してポーランドに帰ったマリーに、ピエールは熱心な求愛の手紙を送り続けた。君と暮らせるならポーランドに行ってもいい。科学という二人の夢を追いながら人生を送ろうよ。

二人はともに異性に絶望していた学究の徒だったが、主観が客観的な事象と適合しなければ、ただちに自説を修正する優秀な科学者としての資質を持ち合わせていた。要するに、二人は恋に落ちたのである。

マリーは姉に、科学が自分にとってどれほどの意味をもつかピエールは理解してくれる、それはどんな愛のささやきよりも心を打つ、という内容の手紙を送る。貧しく孤独だった科学者二人は深く結びつき、一八九五年、結婚式を挙げた。

「家事」という壁とリベラルじいじ

新婚のマリーは厳しい現実に直面した。家事である。

二人は当面、物理化学学校の一教師であるピエールの月給五〇〇フランだけでやりくりしなくてはいけなかった。当然、家政婦を雇う余裕はない。

しかし一七歳からよその家の住み込み家庭教師として働いていたマリーは、家事習得どころではなかった。女子大生時代も、勉強する時間が減るくらいなら空腹のほうがましと、バターを塗ったパンと紅茶またはココア、卵、あればラディッシュにサクランボといった手のかからない食事ですませ、

「あの子ブイヨンの取り方もしらないんですって？」

と噂されたこともあるくらいだ。女＝家事という価値観が根強いなかで、彼女は人付き合いを極力避けて、数学と物理学の勉強に没頭していたのである。

まわりの若者たちは　つねに新しい情熱で
安易な楽しみに　走るばかり！

孤独のなかで
彼女は生きる　手さぐりしながら　けれど幸せに満ちて
（エーヴ・キュリー『キュリー夫人伝』）

これは学生時代のことを書いたマリーの詩の一部だ。パリのパリピがウェイウェイしているなかで、社交や家事にとらわれることなく学業三昧で過ごした学生生活は、孤独ではあっても満ち足りたものだった。

結婚後はそういうわけにはいかない。マリーは物理化学学校に出かける前に材料をとろ火にかけ、帰って来る頃には煮込みができあがる低温調理法を考案し、化学の視点で料理を合理化した。

家具を減らし、なるべく掃除や手入れの手間がかからないようにもした。マリーは時短家事の先駆者でもあった

勤勉なマリーは、夜中を教授資格試験の受験勉強にあて、見事一番で合格した。結婚二年目にして妊娠したときは、朝から晩までつわりに悩まされながらも研究をつづけた。長女イレーヌ出産後は、産休三か月で研究に復帰する。

昼食と夕方に授乳のために家に戻るあわただしい生活。現代であれば雑誌「ＶＥＲＹ」

に二四時間のタイムスケジュール付きで紹介されそうなスーパーワーキングマザーぶりだが、すぐに限界が訪れる。

母乳の出が悪く、乏しい家計で乳母を雇うはめになったこと、さらに研究に本格的に復帰するために子守を雇ったことが、マリーの精神状態を悪化させてしまったのだ。マリーはときおりパニック発作に襲われ、子守がイレーヌを見失ったのではないかという不安で実験室を飛び出すこともあったという。偉人だってワーキングマザーはラクじゃない。

そんなありさまを見かねて、ピエールの父ウージェーヌが同居を申し出て、家事や育児を引き受けてくれることになった。ウージェーヌは学校に適応できなかった少年時代のピエールに不登校を選ばせ、独自の科学教育を授けるほど自由な思想の持ち主だった。女らしさだの男らしさだの、科学と自由を愛したこの男性の前では小さいことである。

リベラルなじいじのおかげで、マリーは心置きなく研究に励むようになる。

研究に没頭するストイックな日々

当時のマリーは、謎の放射性物質を精製する作業に没頭していた。ウランが自然発生的に光を放つことは知られていたが、そのエネルギーがどこから来るかはわかっていなかった。彼女はあらゆる既知の元素を調査した結果、トリウムからも似たような光線が出ることを発見し、これを放射能と名付けた。

元素の化合物だけではなく、鉱物の放射能も調べてみたい。そう思いついたマリーは、ウランを抽出したあとのピッチブレンド鉱石から、ウラン単体よりも強い放射能が出ていることを確認した。確かに新元素はそこにある。あとは見つけさえすれば、大発見間違いなし。

言うはたやすいが、これはエゲツないほど根気のいる労働だった。

工場で廃棄されたピッチブレンドの残りかすをもらい受け、何週間も大鍋で煮詰めてかき混ぜながら凝縮する。その後、バリウムと結合したラジウムを取り出す分別結晶法という作業をひたすら繰り返す。マリーは育児どころか、自身の食事もソーセージのみで済ますこともざらだった。

三歳半のイレーヌは、じいじに「なぜママは自分を置いて一日中仕事に行くの？」と尋ねた。じいじは母の仕事のすばらしさを教えようとイレーヌを仕事場へ連れて行ったが、イレーヌは落胆した。粗末な物置小屋だったからである。役職もなければ資金もない中での作業だった。

ピエールもこの研究の有望さを理解し、自身の研究を中断して合流した。実験をはじめて四年目の一九〇二年、キュリー夫妻はついに一〇トンのピッチブレンド残滓から、0・1グラムの純粋なラジウム塩を単離する。ウランの一〇〇万倍も強い放射能を持つ、原子番号88の新元素だ。

翌年、キュリー夫妻はノーベル物理学賞を受賞する。ようやく経済的に安定した夫妻は、夏休みに海岸沿いのコテージを借りて、イレーヌと一緒に遊ぶ時間をもつことができた。

一九〇四年、次女エーヴが生まれる。

「どうしてわたしが子どもなんて産むの？」

今度の出産は難産だった。

「生きていくのはたいへんすぎる。味気なさすぎる。罪のない子どもたちに、こんなことを押しつけちゃいけない……」

このとき三〇代後半だったせいもあるだろうが、持ち前の勤勉さではコントロールできない妊娠・出産・育児という事象は、マリーを弱気にさせるようだ。あるいは、このあとに起きる出来事をうっすら予測していたのかもしれない。一九〇六年、まだよちよち歩きのエーヴを連れて、一家はハイキングに出かける。ピエールは妻の頬や髪に触れてささやいた。

「きみといっしょの人生は、すてきだったよ、マリー」

長年の放射能被曝で体調を崩していたピエールが、馬車にひかれて亡くなったのは、この数日後のことだった。

「静かな実験室であなたと話がしたい。でも、あなたのいない実験室は耐えられない」

「これだけ乗り物が走っているのに、一台くらい、わたしに愛する人のあとを追わせてくれるものはないのでしょうか」

「太陽も花も、もう好きにはなれません。見ると胸が痛むから」

当時のマリーの日記の抜粋である。マリーは人付き合いを避け、夜中の二時、三時まで働いて、朝八時にまた実験室に戻るような生活を送るようになった。神経衰弱を起こしては、寝室にこもる。エーヴが物心ついてからの最初の思い出のひとつは、家の食堂で気を失って倒れている母の姿だった。幼児にとって望ましい環境とはなかなか言いがたい。陰鬱なマリーの代わりに子守りを務めたのは、またしてもピエールの父ウージェーヌだった。

次女のエーヴは、このように記憶している。

青い目をしたこの老人がいたからこそ、ふたりの子ども時代は、喪《も》の悲しみで息がつまることもなかったのだ。いつも家におらず、いつも実験室に行ってしまい、そばにいるときさえ〈じっけんしつ、じっけんしつ〉と耳鳴りのように思えるほど娘たちにくり返していた母親よりも、彼は、はるかによい遊び相手であり、ものを教えてくれる人でもあった。エーヴは、彼と心から親しくなるにはまだ幼《おさな》すぎたが、イレーヌにとっては、ほんとうに、またとない友だった。ややのろまで非社交的なこの上の孫は、彼が失った息子に、あまりにもよく似ていたのである。

（エーヴ・キュリー『キュリー夫人伝』）

マリーの代わりに二人の成長を温かく見守り続けたウージェーヌも、一九一〇年に息を引き取った。いよいよ、教育ママとしてのマリーの出番である。

マリーの家庭教育メソッド

子どもたちの教育についていえば、わたくしは、体育を主にし、ほんの少しの時間を学科のためにのこしておけばそれでじゅうぶんだという意見をもっております。

（マリー・キュリー『キュリー自伝』）

マリーが娘たちの教育で重視したのは、意外にも体育、そして実習だった。朝はまず知育作業や手先の作業を一時間、それから外に出て散歩と体操。そして庭仕事に粘土細工。夏休みは、伯母の家に送り込んで海遊び。娘たちは当時の女性としてはめずらしく、乗馬、水泳、サイクリング、ボート、スケート、スキーなど、アウトドアスポーツを一通り体験することができた。

イレーヌは「疑いもなくわたくしはフランスでいちばん古い女性スキーヤーだったと誇ることができます」と振り返っている。

粗大運動と微細運動と体験を重視する教育内容は、現代の脳科学の観点からも理にかなっている。

マリーは自分を天才たらしめたものがなんだったのかを、よくわかっていたのだろう。ただ、エーヴに言わせればこの教育プランには欠点があった。マナーやお行儀を学ぶ機会がなかったのである。お母さんが非コミュなのだからしかたがない。

イレーヌが中等学校（リセ）に行く年齢になると、文学に偏った従来の詰め込み教育に反対していたマリーは、中学には通学させず、よりよい教育を自家製で与えようと考えた。仲のいい教授たちの子ども約一〇人を集め、本物の数学者や芸術家たちから毎日ひとつだけ授業を受けられる集団教育を組織したのである。子どもたちは物理や化学を机上ではなく、自由に実験したり組み立てたりすることで学ぶことができた。

イレーヌは、母から数学の授業を受けたときのエピソードをひとつだけ記している。簡単な問題に答えられなかったイレーヌにキレたマリーは、イレーヌのノートを二階の窓から庭に投げ捨てた。イレーヌは動じずに庭に下りてノートを持ち帰り、問題に答えた。

わが子を教えるのは、よその子を教えるより距離感が難しいものである。理想こそすばらしかったが、この集団教育は親たちの多忙もあって二年で幕を閉じた。

娘への手紙に「数学の問題」をしたためる

マリーは娘たちと離れていることが多かったため、ひんぱんに手紙のやりとりをしたが、教育ママは手紙でも容赦ない。

「心からの接吻をおくります、かわいい子。それから、楕円の作図法で、きっとあなたの知らないやり方を一つ教えてあげましょう」

これはイレーヌ宛の手紙の文末である。夏休みを海辺で過ごす一二歳のイレーヌに対し、「三年たったら三年前の年齢の二乗になっている子どもの年齢は？」という数学問題を送ったこともあった。日能研みたいなお母さんである。

「できる限り立派に育てたいのですが、その娘たちでさえ、わたしの生命力を呼び覚ますことはできません」と記していたとおり、育児においても勤勉と努力の人だった。

それでもイレーヌは「めんどくさーい」などと反抗することなく、律儀にお母さんの期待に応えて勉強を続けた。母にかまってもらう機会の少なかったイレーヌは、科学者になれば母と一緒にいられると幼い頃から思っていたようだ。

なにより、二人の娘は父に次いで母を失うことをひどく恐れていた。マリーを不安定にさせていたのは、ピエールの死だけではなかったからだ。

一九一一年にマリーが夫の教え子ランジュバンと起こした不倫騒動も、マリーの精神と健康を悪化させていた。

自分を慕うピエールの優秀な教え子に、夫の代わりを夢見た結果の騒動だった。

しかし二度目のノーベル賞受賞の時期と重なっていたこともあり、その夢はフランス全土を揺るがす大バッシングを招いてしまった。不倫レターが新聞に掲載され、自宅には石が投げられる。マリーは子どもと知人宅に身を寄せなければならない屈辱の日々を過ごす。

イレーヌは身なりにかまわない真面目な優等生として生きることで、父の身代わりを求める大好きな母の期待に応えようとしていた面もあったのかもしれない。

一九一四年、ヨーロッパ情勢の悪化により、マリーは子どもたちを郊外に移住させる。

一七歳のイレーヌは、「ぜひお役に立ちたいです」と母親に書き綴り、パリに戻ることを切望した。

第一次世界大戦が勃発すると、マリーは私財を投げ打って放射線治療車を二〇台調達し、自らも戦地を回って負傷者を治療した。ほどなくイレーヌも、母と同じく戦地へ向かう。イレーヌを完全に信頼するようになったマリーは、前線から数キロしか離れていない野戦病院に一八歳のイレーヌをただ一人残し、X線検査の責任者という役割を担わせた。マリーはイレーヌがパートナーとなったことに満足し、その後も「あなたは私のすばらしいお友達、あなたは私に人生を生きやすく楽しくしてくれます」と頼みにした。

私が何かの役に立っていると考えていただけるのは幸せです。だって、お母さんの人生をすこしでも生きやすいものにしたいと心から願っているのですもの。

（イレーヌ・キュリー『母と娘の手紙』）

なんてけなげなイレーヌ。一方、次女のエーヴは科学よりも音楽やおしゃれが好きな女の子に育つ。イレーヌが自主的に物理学者を目指してくれたので、エーヴは医者になってラジウム治療法を研究してもらいたい……というのはマリーのひそかな願いだったが、それを押し付けたりはなかった。

かわりにマリーはエーヴのおしゃれにツッコミをいれ続けた。背中が大きく開いているドレスを着たら肋膜炎になる、ヒールが竹馬みたい、アイブロウは眉への虐待、唇に色を塗ることに有益な目的はない……。偉人をお母さんに持つと、いちいち合理性を求められて大変である。

ランジュバンの紹介で、二五歳のフレデリックがマリーの運営するラジウム研究所の研究助手として採用される。フレデリックは社交的なイケメンでありつつも、キュリー夫妻の写真を寝室の壁に貼る熱心なキュリー家ファンだった。そんな彼の前に、ラジウム研究所のプリンセスであるキュリー家の長女が現れる。不愛想でとっつきづらいと周囲に思われていたイレーヌだったが、その性格は憧れのピエールに生き写しだとフレデリックには思われた。

二人はたちまち恋に落ちる。イレーヌをピエール代わりに頼りにしていたマリーは内心面白くなかったが、イレーヌの心は動かなかった。愛にとことん一途なのも、父親譲りだったのである。

相棒だったイレーヌが家庭を持ったことで、マリーとエーヴの二人暮らしが始まった。「はたらきすぎよ」。今度はエーヴがマリーにツッコミを入れる番だ。マリーは六五歳になっていた。

「ねえ……なにか話して。世間のできごとを教えてちょうだい！」

マリーはエーヴの話を子どものようにねだり、寝る前に読む小説のセレクトも任せた。マリーが放射線の蓄積による再生不良性悪性貧血で療養所に移ってから、死の瞬間まで付き添ったのもエーヴだった。

「そこには、なにも損なわれていないマリーの魂や、傷つきやすくも広く大きな心、そのかぎりないやさしさが、ありのままに現れていた。（……）なにより、四十六年前にポーランド語で手紙を書いたような、若い女の子にもどっていた」（エーヴ・キュリー『キュリー夫人伝』）

イレーヌ夫婦は世界で初めて人工放射線を発見し、病床のマリーにそれを見せた。かつて結婚にいい顔をしなかったマリーが素朴に喜ぶ姿に、キュリー家の古参ファンだったフレデリックはどれほど感激したことだろう。イレーヌとフレデリックは翌年ノーベル賞を受賞するが、マリーがその姿を見ることはなかった。

エーヴから見たマリーは、「あまりにやさしくあまりに繊細で、あまりに苦しみを感じやすす」く、「少しでも冷淡な態度に触れると、傷ついてこわばって」しまう母親だった。

私たちが甘えんぼうにならないように鍛えたその人自身は、口に出すことはなかったものの、私たちがその人に、もっとキスしたりやさしく寄ってきたりしてほしいと、内心では願っていた。

（エーヴ・キュリー『キュリー夫人伝』）


自分のファッションに対する母のダメ出しを、エーヴは明るくいなしながら生活の面倒をみた。

ノートを投げ捨てられた少女時代のイレーヌも、平気でノートを取りに行って母の授業を受け続けることができた。偉人であるマリーが家庭の中でも正しいお母さんだったら、ささいなダメ出しでも呪いになったかもしれない。

マリーは完璧なお母さんではなかった。むしろ娘たちの目からは、弱さがバレバレだった。しかしそのおかげで、二人の娘はそれぞれ自らを孤独な母の庇護者と位置づけ、母の名声に押しつぶされずに済んだのではないだろうか。

母と同じ道を選んで夫とともにノーベル化学賞を受賞したイレーヌは、やはり放射線の影響による急性白血病により、五八歳で命を落とした。エーヴはピアニストを経てジャーナリストになり、第二次世界大戦中は戦時特派員として世界中をかけめぐってナチスの脅威を訴えた。そしてマリーの死のわずか三年後に、その取材力と語学力を生かして母の伝記『キュリー夫人伝』を出版し、キュリー夫人伝説を作り上げる。

エーヴが出版を急いだ理由は明らかだ。ポーランド語を駆使して少女時代のことまで事細かに調べ上げた詳細な伝記にあっても、お騒がせ不倫のことはぼかされている。エーヴはエーヴなりのやり方で、死後も母を守ったのだ。

文化芸術の道を自ら選び、一〇二歳まで生きたエーヴはともかく、長女として母の理想通りに生きて早逝《そうせい》したイレーヌは幸せだったのだろうか。

イレーヌの長女エレーヌは、祖母、母と同じく科学者の道を歩んだ。エレーヌは自宅を訪問した作家に、母と祖母について、「みんな、すばらしい人生を生きてきたと思いませんか?」と語りかけた。

「母は自分のことを、最高におもしろい人生を送った人間だと言っていました。母がそう思ったのも祖母の人生があってのことですよね」

(B・ゴールドスミス『マリー・キュリー　フラスコの中の闇と光』)

スゴ母❸

青山千世

婦人運動家山川菊栄の母は「日本一頭のいい女の子」

「一番好きな婦人運動家は誰？」

と聞かれる機会はこれまでもこの先もないだろうが、答えるなら断然、山川菊栄《きくえ》である。現代においてその名を一番目にするのは、大正時代に婦人雑誌を舞台に繰り広げられた母性保護論争だろうか。

子ども国有論を唱えて国家は子どもを保護すべきと訴える平塚らいてうと、国家に頼るな母も働いて子どもを養えとマッチョに煽《あお》る与謝野晶子の例の論争である。ふたりとも言葉が足りないなあ、でも大正時代だから仕方がないよね、などと思いながら読んでいると、割って入った山川菊栄の明快さに驚いてしまうのだ。

曰く、ふたりの意見は本質的に対立するものではない。母親にも職業による経済的独立の機会を保障すべきだが、それと同時に社会保障制度によって母子の生活を守るのは社会の任務である。婦人はそのどちらも社会に要求すべきだ。山川菊栄のこの論旨は、現代の視点からみてもパーフェクトといっていい。いったいこの人、何者なの？

スキのない論客、山川菊栄

山川菊栄はあまりに明晰過ぎたせいか、現代のある男性研究者による本では「メガネザル」呼ばわりされてもいる。確かに山川菊栄は、同時代の「新しい女（近代的自我に目覚めた女性。日本では雑誌『青鞜《せいとう》』にかかわった女性たち（平塚らいてう、伊藤野枝ら）がこう呼ばれた）」たちに比べてスキがない。文学青年と心中未遂をした平塚らいてうにしろ、英語教師と駆け落ちした伊藤野枝にしろ、文化系ダメ男子のロマンにほだされそうな危うさがある。それはもちろん彼女たちの魅力のひとつだが、恋愛幻想が論理の不徹底をもたらした面もいなめない。

一方で山川菊栄ときたら、そんなロマンに与《くみ》する気がまるでなさそうなのである。身近でどんだけ男女がくんずほぐれつしてようが、ひとりで洋書を読んでいるイメージ。文学青年に芝居がかった口説き文句で言い寄られても、「は？」と返しそう。かの有名な、アナキスト大杉栄が新しい愛人・伊藤野枝を含む四角関係の末に古い愛人に刺された事件については、こんなふうに評している。

近年は大杉氏もおいおい神話化して超人的な英雄、絶世の美男、ひと目で女を悩殺するドンファンとまで相場があがったそうですが、私の見た限りでは、あの妙な事件は、大杉氏に魅力がありすぎたのではなく、金がなさすぎたからのことにすぎなかったと思うのです。

（山川菊栄『おんな二代の記』）

四人全員と知り合いなのに、この言いよう。心の底から「しょうもな〜」と思っていたのだろう。「新しい女」たちが母性の尊さで盛り上がっていたときも、貧しい女性たちが母であることを理由に教育や安定した賃労働から遠ざけられる社会の「母性」など、「奴隷としての婦人の苦役」にすぎないと冷静に分析している。貧民のためなら熱く舌戦を交えるが、いついかなるときも賢者モード。それが私の山川菊栄観である。絶対に敵に回したくない。

女性が抑圧され、学問や職業を追究するうえで強い制限を受けていた明治・大正時代、「新しい女」たちがまず恋愛や母性で自我解放に走るのは当然のことだった。そんな時代にあって、どうして山川菊栄は自我を押し殺さず暴走させず、貧しい母親や女工・娼妓の苦境に思いを馳せ、知識と論理性を兼ね備えた評論家たりえたのか。

私はそこにやんちゃな武家ガールだった母・青山千世《ちせ》の影響をみずにおれないのである。

儒学者の娘、「西洋の学問」に目覚める

山川菊栄は自分の礎を作った母の生い立ちを、『おんな二代の記』で詳しく記している。

青山千世は安政四年（一八五七）、水戸藩の儒学者の娘として生まれた。千世の少女時代は、明治維新の真っただ中。一家そろって屋敷を追われ、あばら屋住まいを余儀なくされる。家にこもって針仕事をする千世の耳に、東京に行けば女子でも学校に通えるという噂が流れてきた。学校に憧れる千世に、父は裁縫をマスターすれば東京の学校に入れてやると請け合った。

明治五年（一八七二）、千世は一五歳でようやく上京し、開校まもない築地の上田女学校に通うことになる。初めて椅子というものに座り、アメリカ人教師から地球儀を見せられて日本の位置や地球の自転について教えられた千世は、すさまじいカルチャーショックを受けた。西洋の学問って最高。帰宅して報告すると、父母も一緒に驚いた。無理もない、ついこの間まで小さな藩の中でドッタンバッタン大騒ぎしてたのに、いきなり地球の話だもの。

次に入学した報国学舎は、教育令で男女別学が定められる前だったこともあり、男女共学の学校だった。女を虫ケラ程度にしか思っていなかった一〇代後半の男子たちは、女と一緒に学ぶことが気に食わない。女子生徒を「おかめ」「おたふく」と呼び、何かと笑いものにして、退学に追いこもうとする。女子の数は少なかったが、黙って耐えるお嬢様ばかりではなかった。

「何をッ！　べらぼうめ。おたんちん野郎！　女だろうがおたふくだろうがてめえらのお世話になるかってんだ。女に英語が読めてくやしいのか。男のくせにケチな野郎だ。くやしけりゃあ遠慮はいらねェ。てめえらも負けずにペラペラッと読んで見ねえ。さ、読んでみな。読めねェか。ざまァみやがれ、読めねえなら読めねえでいいからおとなしくひっこんでろい。文句があるならタバになってかかってきやがれ。てめえらの相手にゃおいらひとりでももったいねェや」

いやがらせを受けるたびにこんな調子でタンカを切ったのは、陸軍少佐夫人のお信さん。千世をこの学校に誘った友達である。

芸者あがりの粋な美女にとことんバカにされたうえに、勉強の実力も女子が圧倒していたせいで、男子たちはじきにおとなしくなった。男女別学、大日本帝国憲法、教育勅語以前の明治女子が意気揚々と勉強に励んでいたことがわかるほほえましいエピソードである。

さらに言えば、山川菊栄が口調までいきいきと文章に残すことができたのは、このタンカを千世があますことなく覚えていて、娘の前で何度も再現してみせた証だろう。ノリノリの母娘の会話まで想像できて楽しい。

この報国学舎も、明治七年に閉ざされてしまう。千世の父が旧知の仲であった中村正直（『西国立志編』の翻訳者）に相談すると、彼が開いた私塾のような小さい女学校に入れてもらえることになった。おもに英語が中心で、修身の代わりに中村正直が『自助論』の講話や『文章軌範』の講義を授けた。中村正直の授業は相当面白かったようで、千世は九〇歳で世を去る間際にも、先生の声が今も耳に響いてくるようだとなつかしがっていたという。

中村正直は時折、母の話をして涙をにじませることがあった。門番の子として生まれた自分が学びを得たのは、教養の高い母が家事の合間にさまざまな話を語りきかせてくれたおかげ。そんな思いもあって、中村正直は女子教育に力を注いでいた。子どもを育てる女にも西洋婦人と同等の教養を授けなければ、外国との競争に負けるだろう。彼の尽力で、お茶の水に東京女子師範学校（現・お茶の水女子大学）が開校する。

千世は、この女子師範の一期生である。応募者三〇〇人以上の中で、合格者は七十余名ほど。千世は首席で合格し、開校式では皇后の前で新入生代表として漢文の講義をしてみせた。おそらく千世は当時、日本で一番勉強ができる女子だったのではないだろうか。

一期生たちは千世と同様、武士階級の娘たちが多かった。もともと学問への関心が高かったこともあるだろうが、刀を捨てた父親の仕事がなく、お勉強好きな娘だけが頼りという家もあったようである。

生徒たちはまず、理科に手こずった。教科書がヨーロッパの原書の漢文訳なのである。あらたまった文章といえば漢文という時代だったのだからしかたがないが、エリート女子といえども漢文で物理を理解するのはハードルが高い。

生徒たちは教科書が難しいと訴えたが、男子の学生も同じ教科書を使っている、嫁入り前のお稽古事のつもりで入学したのかと厳しく叱り付けられた。心を入れ替えた生徒たちは漢文理科と格闘したが、新学期から簡単な教科書に替えられてしまうと、またもや抗議した。先生に言われた通りに一生懸命勉強したのに、こんな簡単な教科書に替えられては張り合いがないじゃないですか。

学校も負けていない。なにしろあなた方はわがままだ、生徒の分際で学校のやることにいちいち口を出すもんじゃない。

とはいえ最終的には生徒たちの要望が通り、もとの難しい教科書に戻された。女子生徒が堂々と教科書に意見していたことにびっくりだが、それ以上に女子も男子と対等に学問をしうると考えられていたことに驚く。明治三〇年代以降の女学校における良妻賢母教育に比べると、意識の高さが段違いだ。実際に開校当時の女子師範の学科を見てみると、裁縫やお花といった花嫁修業的な科目はなく、物理・化学に地理、経済学に博物学と、男子の学校と同様の科目が並ぶ。

開校式に出席した皇后も、自由で新鮮な学校の空気をお気に召したようで、その後も何度か学校を訪れている。千世自身も開校式での講義を気に入ったお供の女官の誘いで、御所に遊びに行っている。女官が言うには、上半身は女子っぽいのに下半身だけ武士のような小倉袴という開校式の女生徒ファッションに、皇后ともどもバカ受けしていたとのこと。

しかし当日は生徒のほうでも、十二単にハイヒール、なぜか室内なのに傘をさすという皇后ファッションに笑いをかみ殺すのに必死だったのだ。女性が出席する公式行事の前例がなく、もとより入学式コーデを提案してくれる女性誌などあろうはずもないから、お互い探り探りでトンチンカンになってしまったのはしかたがない。それにしても、この女子師範生らと皇室の距離の近さよ。彼女たちが国家の期待を担ったエリート中のエリートだったことの証だろうか。

明治一二年三月、女子師範の第一回卒業生一五人が巣立つ。食堂ボイコットを首謀するなどやんちゃに過ごした千世も、無事にその一人となることができた。同時に中村正直も学校を去り、代わりに天皇が世界を征服すると信じる復古主義者・福羽美静《ふくばびせい》が二代目校長となる。欧化主義・自由主義への反動から、明治政府の国粋主義化が始まった頃合いだった。女子の自主性を尊ぶ校風は「女は女らしく」に切り替わり、西洋の個人主義を鼓吹する『西国立志編』は、婦道を説く『女大学』に取って代わられた。男女同権の空気のまま卒業できたのは、千世ら一期生だけだったようだ。

本を読め、しかしすべてを信じるな

跡取り娘である千世は、両親の意向を汲んで就職せず、明治一三年に見合い結婚する。夫・竜之介は、九歳で奉公に出された貧しい家の生まれで、藩の奨学金を得ながら外国語学校で学び、明治五年からお雇い外国人の通訳として陸軍省に勤めていた苦労人だった。彼は兵食の講義の通訳をするなかで、ハムやベーコン、缶詰といった加工肉に商機をみて、新事業に乗り出した。

加工肉事業は当時、軍の糧食に採用されるなど上り調子。千世は明治一九年に長女、二一年に長男、二三年に次女・菊栄を出産するが、竜之介は家庭を顧みず事業に走り回った。渡欧経験のおかげで身の回りのことは自分でするのが他の明治男に比べてマシではあったものの、育児の戦力にはならない。育児を手伝ったのは、千世の父である延寿だった。意外にも、千世は就学前の子どもたちには字も数も教えなかった。小学校入学後は、祖父・延寿が漢詩の添削や歴史、書、水泳を、千世は論語の素読や英語の初歩を教えた。千世は勉強より、姿勢と返事に厳しかったという。

ウンとかウウンとかいうようなことはもとより、どっちつかずの煮えきらない返事は失礼だ、イヤならイヤとはっきりいえ、それがいえないのはいくじなしだというのでした。呼ばれたら返事といっしょに立て、返事より先に立てとさえいうくらいだといって、なま返事をしたり、立つのがおくれたりすると子供でも女中でもぴしぴし叱られました。

（山川菊栄『おんな二代の記』）

イヤならイヤとはっきりいえ。山川菊栄のハキハキした論理的な文章は、この躾《しつけ》から生まれたのかもしれない。

竜之介は相変わらず留守がちで、子どもの学校や学年さえ知らないままだった。家庭は自然、千世を中心にまわっていくようになる。家事や裁縫はもちろん大工仕事もこなす母を見習って、菊栄も姉もかなづち片手に家中を直せるＤＩＹスキルを身につけた。

千世は子どもたちに、当時大人気だった少年雑誌『少年世界』から『古今集』まで、さまざまな読み物を買い与えた。子どもがわからないというと、「読書百遍《ぺん》意おのずから通ず」、つまり繰り返し読めばひとりでにわかると突き放した。千世が好んで口にしたもうひとつの格言は、「ことごとく書を信ずれば書を読まざるにしかず」である。本はけっこうテキトーだからまるごと信じちゃダメ。なるべくなんでもたくさん読んで、うそがわかるようになりなさいね、という教えである。

流行《はや》りものもひととおり読んだ千世とその子どもたちだが、泣けると評判の悲恋ベストセラー『不如帰《ほととぎす》』（徳冨蘆花《とくとみろか》）には首をひねった。息子夫婦の仲がいいことを嫉妬した息子ラブの姑《しゅうとめ》が嫁をいびり、息子の抵抗もむなしく母が嫁を追い出す展開を、一家は理解できなかったのである。千世は『不如帰』のわからなさを、「あれは薩州人だから」と結論づけた。

菊栄曰く、生粋《きっすい》の「尾崎ファン」（もちろん盗んだバイクで走り出すほうではなく、憲政の神様・尾崎行雄のほうである）だった千世は、薩摩と長州が仕切る藩閥政治にうんざりしていた。男尊女卑でありつつ姑が息子に執着し、家庭内で謎の権力を持つ『不如帰』の家の在り方は、いかにも日本的なように感じられるが、千世たちの反応をみるとさほど一般的ではなかったのかもしれない。

千世の妹の夫である「森叔父さん」も、たびたび菊栄に本をプレゼントした。維新の戦争において「赤ゲットまんじゅう笠（赤い毛布に丸い笠）」という当時のおしゃれスタイルで官軍に加わった森叔父さんは、自ら包丁を持ち、息子たちにも家事をしつける男女平等なハイカラ軍人だった。彼は古い講談本のほか、福沢諭吉が古い婦道を批判する『新女大学』を与え、菊栄を力づけた。

女子の勉学を温かく見守るインテリ母とリベラルな周囲に支えられ、菊栄はのびのびと読書好き少女として育つ。これは当時、かなり特異な環境だった。彼女がのちに自我暴発系の恋愛沙汰に巻き込まれることがなかったのは、もともと自我を抑えつけられてはいなかったからなのではないかと思う。

将来の夢は「馬賊《ばぞく》」

もっとも菊栄も、女三姉妹だったことから、子どものうちからヨメ稼業をしこみたいという三兄弟の男爵の家に引き取られそうになったことがあった。女も子どもも家制度のパーツにすぎなかった当時、犬猫のように子どものやりとりをするのはめずらしいことではなかった（夏目漱石も一歳で養子に出されている）。

竜之介からすれば、格上の家に我が子がもらわれるなら喜ばしいぐらいのものである。ところが千世は夫の提案に、どんなに貧乏しても、私は自分の産んだ子はひとにやりません、と烈火のごとく怒った。

「お前が頑固でバカだから菊栄は一生の運をとりにがした」

「自分の子をどうしてひとにやる気になるだろう。呆れてものがいえない」

千世のように母親が我が子を自ら育てたいと考えることは、現代では自然な母性本能に基づくものとみなされるだろう。

しかし「母性」という言葉もなかった明治時代にあっては、「頑固」「バカ」呼ばわりされるくらい特殊なことだった。千世は西洋の学問によって、いち早く家制度より個人の気持ちを優先する価値観を身に付けたのかもしれない。菊栄のほうでは、自分が男爵の家にもらわれたとしても、どうせ追い出されるか逃げ出すかしただろうが、それでもそうした苦労をしなくてすんだのは「ひとえに母の『頑固』と『バカ』のたまものでした」と、千世に感謝するのだった。

厳しくも愛のある母の躾を受けた菊栄は、スケールの大きすぎる夢を抱く少女に育った。

（……）女学校にはいったころは、馬賊の話がよく新聞などに出るにつれ、ひとつ馬賊になって満州のはてしない平野に馬を走らせようという、途方もない夢をみていました。

（山川菊栄『おんな二代の記』）

おさえきれない社会への疑問

菊栄は貧民街の保育園的な施設で奉仕活動をするクリスチャンの同級生から、貧しい人々を扱った社会主義的な小説を借りて読むようになった。

馬賊を夢見るほど視野の広い少女の関心は、自然と社会の矛盾に向かっていく。姉もトルストイの影響で、徹底的な非戦論者・人道主義者になっていた。姉妹は古物を集めて貧民を見舞う活動をしつつも、それが気休めにすぎないことも知っていた。月末になると父親が遊びでこさえたツケを払ってもらおうと小僧や商人たちがやってくるが、もとより家に金はなく、代金がとれずに涙ぐんで帰っていくことも多かった。父のせいで自分たちより貧しい人々に苦労をかけている。これも貧困への問題意識を強める下地になった。

日露戦争が始まってしばらくして、菊栄は自分に本をくれたやさしい森叔父さんが戦死したという報を受けた。敵の十字砲火の中を進めという無茶な命令を受けた森大佐は、隊員まるごと無駄死にするだけだと二度上司に意見したが聞き入れられず、三度命令を返せば銃殺という軍規のためにみすみす命を落としたのだった。その話を聞いた菊栄は、戦争がいかに非人間的で理不尽なものかを思い知った。

社会は問題だらけ。自分が普通に暮らしていることさえ気がとがめる。理知的な家庭に育ったからこそ、弱い人々を虐《しいた》げる理不尽が許せない。そんな菊栄の目には、女学校が欺《ぎ》瞞的《まんてき》に思えた。千世の時代と違い、そのころの女学校は良妻賢母教育一辺倒で、菊栄が社会に関心をもって新聞や小説を読むことすらいい顔をしなかったのである。

（……）若い娘の魂をゆすぶるような高い理想とか、明るい希望とかいうものは与えられず、卑俗な功利主義一点ばりなところから、いつとなく、はげしい反抗心をはぐくまれずにはいられませんでした。

（山川菊栄『おんな二代の記』）

平塚らいてうとの出会い

良妻賢母教育など、息子や夫を立身出世させるための「卑俗な功利主義」にすぎない。母の教えで大量の書物を読んでいたおかげで、菊栄と姉は社会をまっすぐ見る目と健全な批判精神を育んでいた。

女学校を出た菊栄は合う学校を求めてさまよい、女子大としてはめずらしく良妻賢母主義を打ち出さない津田塾の予科に落ち着いた。学校に通いがてら、さまざまな会合や講演に顔を出す。ここで当代の著名文化人、とりわけ平塚らいてうに出会ったことが、彼女が文章を書くきっかけになった。

何より、菊栄には書くべきことがあった。子どものころから新聞を熟読していた山川菊栄は、娼妓がいかに非人道的な環境に置かれているかをよく知っており、遊郭にも足を運んで「生きながらの獄門、さらし首」のような娘たちの姿を目の当たりにしていた。

こんなひどいことが国家公認の制度としてまかり通っていいものか。しかし男性の社会主義者たちは、公娼制度に対して煮え切らない態度をとりがちだった。

普段はリベラルなことを言っていても、下半身が絡むと支配層とさほど変わらない価値観をもつ人は現代でも多いものだ。だったら私が書かなければ。『青鞜』誌上の伊藤野枝の廃娼運動批判に対しても、公然の人身売買を放任すべきではないと堂々反論した。

婦人参政権に児童労働、娼妓・女工を始めとする下層婦人たちの苦境……菊栄が社会問題に目を開いていく一方で、父の事業は日に日に傾いていっった。借金がかさみ、家には高利貸しが出入りする。子どもたちの学費だけはどうにか捻出しようと、千世は夜更けまで針仕事をした。

千世を苦しめていたのは家計のやりくりだけではなかった。武家の娘として気高く育った千世は、債権者に追い立てられること自体を不道徳のむくいだととらえてしまったのである。自尊心を削られて青白くやせ細った千世に、はつらつとしたやんちゃ女学生の面影はもうなかった。勤めてからはじめての夏休みに実家に帰った菊栄の姉は、母の顔をひと目見るなりその変わりようにむせびないた。菊栄のほうは、家財が高利貸しの競売にかけられた事件を面白おかしく平塚らいてうの回覧誌に書くくらいのノリだったのだが。

「左翼カップル」のリアル

一九一六年秋、菊栄は二六歳で社会主義者の山川均と結婚し、山川菊栄となった。二人は思想もさることながら、ともに没落武士の家系で育ったために、きびきびと体を動かして大工仕事に針仕事、編み物から農業までなんでもこなす生活力の高さでも一致していた。

伊藤野枝・辻潤夫婦しかり、佐多稲子・窪川鶴次郎夫婦しかり、恋愛のときはよくても結婚後は妻に家事育児の負担が偏ってうまくいかなくなる左翼カップルはめずらしくない。彼らに比べると、山川夫婦は地に足の着いたゆるぎないパートナーシップを築くことができたといえるだろう。特高に追われる厳しい暮らしにあっても、ウズラの飼育で生計を立てながら夫婦で社会運動を続けることができたのだから。

社会学者のブルデューは、所属する社会階層の中で無意識のうちに構築された慣習的なふるまいを「プラティーク」と呼んでいる。坊ちゃん育ちの左翼運動家たちが理論とは裏腹に妻に母の役割を求め外で遊蕩を繰り返しがちなのも、慣習の根強さによるものだろう。二人はプラティークの面においても平等でありえた稀有なカップルだった。

もちろん頭を下げて物を売る稼業は楽ではなかった。菊栄は横暴な顧客について「私のように高利貸や特高のおかげで百パーセント忍従の美徳を身につけている人間でなかったら、その辺におきちらしてある鶏の包丁であの男をひとつきにしたことでしょう」と記している。やはり絶対に敵に回してはいけない婦人運動家である。

第二次世界大戦が終戦を迎え、山川夫妻のひとり息子の振作に二人目の子どもが生まれてまもなく、千世は菊栄とひ孫たちに見守られて九〇年の長い生涯を終えた。最期は幼いひ孫が自分をいたわって手をひいてくれることを喜んでいた千世だったが、はたしてその人生は満足のいくものだったかどうか。明治初年代の幻のような男女同権の空気を目いっぱい吸って最先端の学問に目を見開きながら、娘たちのように社会でその能力を試す機会はついに訪れなかった。

「その時代の大抵の女と同じように、家庭へはいるとともに世間と交渉を断たれ、台所と子供の世話と世帯のやりくりに追われて暮した母にとって、娘時代の思い出だけが、せめてもの心のオアシスだったのではないかと思います」と菊栄があとがきで振り返ったように、くり返し娘に語り聞かせる話は学生時代の思い出が大半だった。

「世間と交渉を断たれ」たはずの千世は、実は現代において意外なところで活躍している。お茶の水女子大学の歴史資料館キャラクター「ちせちゃん」は、開校当時の首席入学生だった青山千世をモチーフにしたものだそうだ。あのころ日本で一番勉強ができた女の子は、一番幸せだった女学生時代の小倉袴姿で、今も母校の中に生きている。

あゆみ来し道にさはりのものすべて
　わがながき世のかてなりしかも
　　　青山千世

スゴ母❹

三島和歌子

「いだてん」の、あのスゴ母

NHK大河ドラマ「いだてん」をご覧になった方なら、白石加代子演じる三島和歌子にすでに心を射抜かれ済みだと思う。そう、跳んできた野球ボールを仕込み杖で斬る鮮烈なデビューを飾ったあの女傑である。

明治の筋肉パリピ集団「天狗倶楽部」の花形メンバーかつ日本初のオリンピック選手・三島弥彦の母であり、ベストセラー悲恋小説『不如帰』の意地悪姑《しゅうとめ》のモデルにされた女西郷といえば、彼女のこと。

日本史的には、日銀総裁・三島弥太郎の母であり、自由民権運動を弾圧した警視総監・三島通庸《みちつね》を支えた妻といったほうが、通りがいいだろう。

そして仕込み杖を常に所持していたのは史実である。ただし、仕込み杖を携帯していたのはボールを叩き斬るためでも、映画版『不如帰』にブチ切れるためでもなかった。仕込み杖は、あくまで夫を守るためのもの。オリンピックに「夫の護衛」部門があったら、日本代表に選ばれてもおかしくないほど、エクストリームに尽くす妻だったのである。

男の中の男に「初恋」

一八四五年（弘化元年）、和歌子は薩摩藩士・柴山権助景秀の次女として生まれた。少女時代の和歌子には、ひそかに恋い焦がれる男子がいた。兄・龍五郎の親友だった三島通庸である。

未明に起きて三島家の家伝である太鼓の練習に励む少年時代の三島は、自分の父も認める男の中の男だった。しかし武家の娘に恋愛など許されようはずがない。和歌子は一四歳で、兄の命にしたがって薩摩藩士・森岡昌純のもとへ嫁がされる。抵抗する和歌子に、龍五郎は「言うこときかん奴は、コレマチン川へ駕籠《かご》ごと投っこめ！」と怒鳴ったそうである。九州男児激しい。

森岡家の姑はさらに厳しかった。朝五時から朝ごはんの支度がはじまり、夜一二時まで働かされる。

数年ほどつらい結婚生活を送ったのち、和歌子は夫が不在の間に実家に送り返された。『不如帰』のヒロインのように意地悪姑にいびられて離縁させられたのは、和歌子のほうだったのである。

離縁の理由は、薩摩藩の攘夷派であった兄・龍五郎が一八六二年の寺田屋事件にかかわって処分されたため、とされている。

このとき、三島通庸も同様に謹慎処分を受けて柴山家に身を寄せていたことから、和歌子と三島通庸の仲は急接近。和歌子はついに初恋を成就することができた。

惚れたら、とことん尽くす

三島家は貧しかったが、幼い頃から憧れていた理想の男子と結婚できた喜びは何にもかえがたかった。一度はあきらめた初恋なのだから、なおさらだ。国家革新運動に身を捧げ、大義のために命をかけて戦う夫のために尽くすこと。これが和歌子の生きがいとなった。

こうして迎えた明治維新。薩摩閥を率いる大久保利通は維新の功労者として三島通庸を引き立て、東京府参事に採用した。続いて山形、福島の県令に抜擢された三島は、東北で道路建設などのインフラ工事をゴリゴリ進め、民衆を恐れさせた。

〝鬼県令〟というあだ名を不動のものとしたのは、福島県令時代に「一五歳から六〇歳までの男女を二年にわたり月一日人夫として働かせる。できないなら金を払え」という強引な道路建設工事を命じたときだ。当然、自由民権運動家による反対運動が吹き荒れたが、三島はこれを徹底的に弾圧し、約二千名の逮捕者を出した（福島事件）。栃木県令に就任した明治一七年、ついに自由党員急進派一六名に命を狙われる「加波山《かばさん》事件」が起きる。

「刺客がつねに三人」の夫

女に学問はいらぬという薩摩の風土の中で育った和歌子には、政治のことはわからない。男らしく真面目に仕事に取り組む夫が、なぜ嫌われるのか。命を狙われれば狙われるほど、和歌子の中の夫像が「国のために命がけで働く男の中の男」として燦然《さんぜん》と輝いてしまう。和歌子が仕込み杖を所持しはじめたのはこの頃だろうか。

中央に戻って警視総監となり、自由民権運動を弾圧する法律「保安条例」施行（明治二〇年）の総指揮を務めると、刺客がつねに三人ほどつきまとう物騒な生活が始まった。

男の中の男である三島通庸は、刺客など気にせずノーガードで散歩に出かけてしまう。そんな夫を護衛するため、和歌子は仕込み杖を手にどこへでも付き従った。曲がり角のたびに、先に行っては刺客の有無を確かめる。博覧会などの人混みに出かける際は、仕込み杖の代わりに懐刀を手にお供する。女ひとりで要人のＳＰをするわけだから、もちろん見物などする余裕はない。

家の中でも不安は尽きない。就寝中に縁の下から刀で突かれる可能性があるからだ。和歌子は夫を三階に寝かせ、夜の一一時から黒犬を連れて仕込み杖を手に屋敷の周囲を単身巡回する。その後、仕込み杖を近くに立てかけて自らも三階で寝る。

夫が朝五時に起きると、和歌子も後に従った。刺客に狙われる夫を持つと、おちおち寝てもいられない。そんな和歌子のことを、次女・峰子は「御自分の命と云ふものはお父様の為なら惜しくない方」と表現している。

そんなにも夫に夢中で、母親業はどうだったのか。同居の妾《めかけ》の子どもも合わせて、面倒を見た子どもの数はなんと一二人。そのすべてに分け隔てなく愛情を注いだと伝えられる。当時は実子、特に跡継ぎである長男とそれ以外の子どもとの間に厳然とした差別を設けるのが普通だったから、和歌子は明治の母としてはかなりイレギュラーな存在である。

ドラマでは触れられていなかったが、三島家の五男である三島弥彦《やひこ》も庶子《しょし》である。華族の奥様が庶子の運動着に自ら日の丸を縫い付ける。これも当時は特殊なことだっただろう。弥彦が幼くして他家に養子に出されていたら（これもめずらしいことではなかった）、スポーツの盛んな学習院でアスリートとして頭角を現すこともなかったかもしれない。

文字が読めなかった和歌子は、理論としての平等を心がけていたわけではなかっただろう。むしろ自由民権論者などは夫の命を狙う天敵であったはずだ。おそらくは子育ても、夫尽くしの一環だった。妾の子どもが大病を患ったときも、「之を殺してはお父様に申訳がない」と我が子以上に思い悩んだそうだ。自分の子どもであるかどうかより、夫の子どもであることが重要だったのだ。

もちろん、愛する夫の浮気はつらいことだった。孫娘に「夜中に夫が足音を忍ばせて妾の部屋を訪れる苦しみ」をこっそり打ち明けることもあった。愛情が濃いぶん、秘めた苦しみもひとしおだったのではないだろうか。

もっとも、愛情を注いだのは夫の子どもだけではなかったようだ。借家に住まわせている陸軍少尉の赤ちゃんがひきつけを起こしたときは、自分も病床にあったのに飛んでいき、赤ちゃんの手当てをした。その愛はペットの犬猫にも及び、つがいの犬のところによそからオス犬が通ってくると、犬の亭主がかわいそうだと棒で追い払った。子どもたちが大きくなってからは、嫁や婿、さらには孫の奥さんまでかわいがった。

孫の三島通陽《みちはる》のフィアンセを連れて芝居見物を楽しんでいた和歌子は「お母様、おうれしいでしょ。通ちゃんのお嫁さんをつれて」と言われ、「うん、こげなうれしいこつはなか」とニコニコ答えたという。『不如帰』の鬼姑とはまったく違うというのが、親族の一致した意見である（結核にかかった弥太郎の最初の嫁を離縁させたのは事実だから、相手側の恨みは買っていたかもしれないが）。

悲劇は突然……

和歌子に最大の悲劇が訪れたのは、明治二一年の夏。三島通庸が子連れで運動場を訪れた日のことだった。

風呂に向かって歩いている途中、通庸は突如脳溢血で倒れた。そのまま亡くなっていてもおかしくなかったが、いつも風呂まで付き添っていた和歌子がすばやく医者を呼んだことで、いったん息を吹き返す。

通庸を駕籠《かご》にのせて運ぶときは、素足なのに雨の中を駕籠に付き添い走るといってきかなかった。医者に「奥さんあなたが死にますよ」と言われると、仕込み杖を手にした和歌子は「死んでもよろしい」とびしょ濡れになりながら付き従ったという。

火の物を断ち、六〇日間一度も蒲団を敷かず、つききりで看病した和歌子の献身もむなしく、通庸はその年の秋に亡くなった。

薩摩の子育てメソッド「ごじゅ」

既に成人していた長男の弥太郎が家督を継いでからも、ゴッドマザー和歌子は三島家に君臨し続けた。

弥太郎は仕事のことも和歌子に相談し、毎朝出勤前には離れ座敷にいる母の所へ行って手をつき、「ただいま出勤致します」と挨拶するのを忘れなかった。和歌子は玄関先までついていき、弥太郎が五〇歳を過ぎても「余所へ行ったら行儀よくしやい」と言い聞かせていたという。

学のなかった和歌子が教育の支柱にしたのは、薩摩藩独特の青少年教育制度「郷中《ごじゅ》」（健児の社）における教えである。

ひ孫である阪谷芳直は、『黎明期を生きた女性たち　幕末明治の阪谷・渋沢・三島・四条家』のなかで、和歌子の孫にあたる母が和歌子から聞いた「ごじゅ」の一部を再現している。

お父っさあ、おっ母さあのいうことをききやい（父、母のいうことをよくきけ）

人のくれんちもんをもれやんな（他人がくれないというものをねだって貰《もら》うな）
人の貸せんちもんを借りやんな（他人が貸さないというものを無理に借りるな）
手どんなれやい、本を読みやい（手習いをせよ、本を読め——勉強をよくしろ）
かきぶちすぬきやんな（垣根を引き抜いて剣劇の真似などするな）
人の家のなりもんにさわりやんな、飾りもんにさわりやんな（他人の家の木になっている果物に触るな、飾り物に触るな）
嘘をひりやんな（うそをつくな）

これに反した子どもがいると、「しいたぶらを、つまみやい！（尻をつねれ）」と言い、みんなで「つまみやい、つまみやい、ぴちゃ、ぴちゃ、ぴちゃ」とつねる。それが罰だというからほほえましい育児だ。

家督を継いだ弥太郎の長男である通陽によれば、跡取りの男子への躾《しつけ》はもう少し厳しかったようだ。

「男は常に戦争に出てゐる覚悟をもって、どこまでも強くはきはきとして、男らしくならねばならない」

というのが、孫息子への口癖だった。

「男の児は将来、君のため国のため役に立たせねばならぬから」という薩摩藩士の娘としての価値観は、生涯変わらなかった。

君のため国のために命をかける家父長でなければ、尽くし甲斐がない。尽くす側としてはもっともな言い分である。そのためちょっとでも寝坊したり、動作が遅かったり、泣いてわがままを通そうとしたりすると、容赦なく雷が落ちた。長男の弥太郎には撃剣を教えることもあった。天狗倶楽部での三島弥彦のバンカラぶりの背景には、和歌子の男らしさに対する激しい憧れがあったのかもしれない。

『不如帰』騒動の真実

弥彦のオリンピック出場に対しても、ドラマのような強硬な反対はなかったのではないだろうか。

家長である弥太郎は海外生活が長かったことからスポーツにも理解があり、「運動で外国に行く」と弥彦から伝えられたときは「運動は大したものだぞ」といって賛成したと伝えられる。家長が賛成するものを、薩摩藩士の妻である和歌子が反対するとは思えない。もちろんスポーツの国際試合なんて、和歌子には理解の外だったかもしれない。それでも「もし千に一つでも勝つことがあれば、皆様の喜びはどれほどのことでしょう」という内容の手紙をストックホルムの弥彦に向けて送っている。きっと弥彦も「君のため国のため」に戦う自慢の息子だったのだろう。

さて、ドラマでも取り上げられた『不如帰』騒動だが、本物の和歌子のリアクションはどうだったのか。三島弥太郎（『不如帰』の夫のモデル）の後妻の姪にあたる大河内富士子によれば、和歌子が『不如帰』の内容を知って激怒したのは事実である。

ドラマでは映画版を観て初めて知ったということになっているが、和歌子が見たのは芝居のほうだった。和歌子はベストセラー小説『不如帰』が、自分たちをモデルにしているらしいことは知っていた。ただし読み書き教育が不十分だった和歌子は、読んではいなかったのだろう。芝居がかかるときいて、ぜひ観にいきたいと家族に伝える。後妻は困った。家の者たちは必死で止めた。本人が観たら怒るに決まっている。しかし和歌子はどうしても観たいと家人の反対をつっぱねた。観劇後、

「ワイがいつあんなこと言うた」

「蘆花ちゅう奴は悪い奴じゃ」

と不満たらたらだったことは言うまでもない。

最愛の夫が亡くなってから三五年生きて家族に愛情を注ぎつくした和歌子は、大正一三

年、病に倒れ七九歳で息を引き取った。納棺のあと、幼いひ孫が「ひいばあちゃんにあいたい」と泣いたため、ふたたび棺を開けて一同で涙にむせんだというエピソードが残されている。

和歌子の墓は、青山霊園にある夫の墓のすぐ隣に寄り添うように建てられた。東日本大震災が霊園を容赦なくゆさぶったときも、通庸の墓は甚大な被害をこうむりつつも倒壊は免れ、和歌子の墓は無傷だった。女丈夫・和歌子は今も夫を守り続けているのかもしれない。

歴史上のヤバ母伝説

現代の規範から逸脱しすぎて「ヤバい」としか言えない歴史上の女性たち。破天荒エピソードの数々に、ただただ圧倒されます。

アグリッピナ 15年～59年

「さあ、ここを刺すがいい。ここから皇帝が生まれたんだから!」

ローマ帝国第5代皇帝ネロの母。ネロを妊娠中、占星術師に「生まれてくる子はやがて皇帝になる。しかし母を殺すだろう」と告げられ、歓喜のあまり「わが子が皇帝になるのなら、わたしは殺されたってかまうものですか!」と叫び、伏線をきっちり回収する人生を歩んだことで知られる。

アグリッピナはネロを操って政治を牛耳るつもりだったが、ネロは口うるさい母を疎んじた。ネロは母を宮殿から遠ざけ、愛人の言うがままにアグリッピナ暗殺を企てる。ネロが放った刺客に殺される寸前、アグリッピナは寝間着の裾をまくり上げて叫んだ。「さあ、ここを刺すがいい。ここから皇帝が生まれたんだから!」

武則天《ぶそくてん》（則天武后）

625年〜705年

「骨の髄までとろけるくらい酔っぱらわせてやるがいい」

中国史上唯一の女帝で、中国三大悪女の一人。唐の皇帝・高宗の愛妾だったが、生まれたばかりの自分の赤ちゃんを殺して皇后の王氏のせいにするなどの策を弄し、皇后の座におさまる。さらに監禁されている王氏の両手足を切断し、「骨の髄までとろけるくらい酔っぱらわせてやるがいい」と酒甕《さかがめ》に放り込んで死なせたとされる。その後も我が子や孫を次々と殺し、密告奨励制度を敷いて全国の官僚を震え上がらせた。とんでもない悪女だが、美貌と政治手腕に優れていたと伝えられるため、彼女をモチーフにしたドラマや映画が数多く作られている。

カテリーナ・スフォルツァ

1463年〜1509年

「やれるものならやってみな。あたしはいつでもここから子どもを出せるんだから」

イタリアの女傑として知られる女性領主。ミラノの領主の娘として生まれ、政略結婚でイーモラとフォルリの領主のもとに嫁ぐ。一五歳で第一子、一六歳で第二子を生み、またたくまに六児のママになった。領民の反乱で夫が殺され、子どもたちとともに捕らえられると、カテリーナは城に行って兵士たちを説得すると反乱軍側に申し出る。ところがカテリーナはいっこうに戻ってこない。しびれを切らした反乱軍は城まで向かい、子どもたちに剣を突き付けて「出てこなければ子どもたちを殺すぞ」と呼びかけた。すると城塞に現れたカテリーナはスカートをまくりあげ、こう叫んだ。「やれるものならやってみな。あたしはいつでもここから子どもを出せるんだから」。

反乱軍があっけにとられている間に援軍が到着し、子どもたちは無事に救出された。カテリーナ、このとき二五歳。子だくさんヤンママだけが出せる説得力である。

キャロライン・オブ・ブランズウィック 1768年〜1821年

「もし我が子と毎日会っていたら、やむなく不機嫌な調子で話しかけてしまうこともあるでしょう」

イギリス王ジョージ四世の王妃。〝愚王〟と呼ばれた夫とともに〝愚王妃〟としてバカップル伝説を築き上げた。美しい肖像画に見惚れたジョージ四世から求婚されたものの、体臭がきつかったため初対面で嫌われたと伝えられる。一人娘シャーロットの出産後、夫婦は別居し、シャーロットは家庭教師に育てられることになった。

キャロラインは多くの孤児を養育したが、離れて暮らすシャーロットとは週に一度しか会わなかった。キャロラインはその理由を、親子が一緒に過ごす時間は限られているほうが好ましいからだと主張している。「もし我が子と毎日会っていたら、やむなく不機嫌な調子で話しかけてしまったり、声を荒げてしまうことすらあるでしょう。でも私たちは、そこそこ新鮮な気持ちのままでいられるんですよ。お互いに」。

ヴィクトリア女王　1819年～1901年

「二人の娘が牛になってしまうなんて、身の毛がよだつ思いです」

イギリス・ハノーヴァー朝第6代女王。18歳で即位し、四男五女をもうけた。四男の出産でクロロホルム麻酔を試みたことが、ヨーロッパで無痛分娩が広まるきっかけになったといわれる。

イギリス王室の慣習にならい、授乳を乳母にまかせていたヴィクトリアだったが、成長した次女アリスらは我が子は自らの母乳で育てたいと言い出した。ヴィクトリアの猛反対もむなしく、娘たちは母乳育児を実行。このときのことを、ヴィクトリアは「二人の娘が牛になってしまうなんて、身の毛がよだつ思いです」と書き記している。ヴィクトリアは腹いせに、王室の酪農場の牛の一頭を「プリンセス・アリス」と名付けた。

赤染衛門《あかぞめえもん》　956年頃～1041年以後

「おもへきみ かしらの雪をうちはらひ 消えぬさきにと いそぐ心を」

平安時代中期の歌人。優れた文才で夫の仕事を助けたほか、息子・大江挙周《たかちか》の就活の際は、藤原道長の妻・倫子《りんし》に「おもへきみ かしらの雪を うちはらひ 消えぬさきにと いそぐ心を」（考えてもみてくださいよ。わが白髪にかかる雪をはらって消えないうちにわが子を官職につけたいと急ぐ親の切ない心を）と自分の白髪をネタにした捨て身の和歌を送り、和泉守の仕事をつかみ取っている。

子どもたちのラブレターも代筆したが、こちらはうまくいかなかったようだ。息子の代わりに求婚の和歌を代詠した高階明順《たかしなのなりただ》の娘とは出産までこぎつけたものの逃げられ、赤染衛門が赤ちゃんを育てるはめになる。続いて挙周がまだ文章も書けないような少女に懸想《けそう》したときも、四回にわたり求婚の和歌を代詠してあげたが、あえなく既読スルーされた。長女の恋歌の代詠も、男が寄り付かなくなる結果に終わっている。あまりに和歌がうますぎて、ママが書いたことが丸わかりだったのだろうか。

義姫 1548年～1623年

「ふたばより 植えし小松の こだかくも 枝を重ね いく千代の宿」

伊達政宗の母。ドラマなどで「病気で右目を失った長男・政宗よりも次男を溺愛し、政宗を毒殺しようとした悪女」として描かれたことで、戦国界きってのワル母という印象が強い。とはいえ実際は毒殺未遂があったとされる時期以降も、母・息子間で愛情深い手紙をやりとりしていることがわかっている。

政宗「あいあいて心のほどやたらちね行く末久し、千歳ふるとも」（お会いすることができて、感無量です。幾年も長生きしてください）。

義姫「ふたばより植えし小松のこだかくも枝を重ねいく千代の宿」（私の植えた双葉が、こんなに立派に育ちました。その枝の下に、いつまでも宿りたいものです）。

そのため、毒殺未遂事件は捏造《ねつぞう》という説が有力だ。嫁の愛姫に手作りの下げ袋を贈っていることも伝えられている。ワル母ではなく、戦国界きってのほっこり手芸奥様だったのかもしれない。真相は藪《やぶ》の中。

スゴ母5

鳩山春子

明治社会を「大冒険」した元祖・教育ママ

子ども全員を東大に進学させたカリスマ教育ママ、通称「佐藤ママ」が、数年前に「恋愛は受験に無駄」と語り、軽く炎上したことがあった。子どもの恋愛まで支配しようとする教育ママへの批判が冷めやらぬ中、彼女の次男がフェイスブックに投稿したとある文章が絶賛された。

「多くの人に心配していただいてるので投稿致しますが、母の発言はなんの資格も、社会的責任もない一個人の主婦のものですので、どうか皆さま暖かい目で見てやってください」「母は子どもが好きでたまらないという人です。つまるところ子ども自慢が行き過ぎてしまったようです」

過保護な教育ママは子どもをスポイルするというのが通説だが、あまりに極端すぎる場合は子どものほうで母を「異質な他者」と見る目が育ち、母を一個人として突き放しながら愛するクールな人格者が育つのかもしれない……と感心したことを覚えている。

教育ママの元祖

やりすぎて面白の域に達しているアクの強い教育ママの元祖といえば、良妻賢母教育のカリスマ・鳩山春子である。首相・鳩山一郎の母であり、政治家の鳩山由紀夫、邦夫兄弟の曾祖母としても知られる。教育者として名高い彼女はなにかと極端すぎて、当時のいじられキャラでもあったのだ。

ときは文久元年（一八六一）、すでに六人の子どもがいた松本藩士のもとにひょっこり誕生した末っ子、それが鳩山春子だった。幼くして百人一首も機織りも自主練でマスターしてしまう利発な春子は、上のきょうだいと年が離れていたこともあり、ひたすら家族にかわいがられて育つ。

そのころ、学問を愛する父の悩みは跡取り息子のことだった。長男が夭逝したため、ただ一人の男子である次男を上京させ、慶應義塾で学ばせたが、どうやら遊びたおしているらしいとの噂が聞こえてきた。なんて心もとない。一人でいいから、しっかりとした教育を授けた賢い子どもが手元にほしい。そんな父の目に、虫干ししていた四書五経に興味を持つ幼い春子の姿が映った。読んでみたいと無邪気に言う幼子の言葉に喜んだ父は、まだ学校に通ってもいない春子を、近所の漢学の先生のもとへ通わせることにした。

むろん論語も詩経も、幼児にとってはちんぷんかんぷんの呪文にすぎない。それでも母に褒めてもらえることがうれしくて、春子は大勢の男子にまじって女ひとり漢文の暗唱に励んだ。朝の暗いうちから先生の家へ向かうと、いつも一番乗り。一人の先生では足らず、五人の先生のところを毎日五冊の本を抱えて回って歩く春子は、周囲をどんどん追い抜いていく。こうなると面白くないのは男子たちだ。ある日、春子は嫉妬深い男子集団の襲来を受け、いくつも石を投げられた。石の一つが彼女の額にあたり、噴き出した血が顔の左側を赤く染める。春子は泣きもわめきもせず、そのまま家に帰って母の手当てを受けた。

男子集団にいじめられていたせいもあるだろうが、春子は自分の顔立ちを悩むようになった。母も姉たちも美人なのに、どうして自分だけ男のようないかつい顔立ちなんだろう。母に向かって、「どうしてこんなに不別嬪《ふべっぴん》に生んで下さいました」と詰めたこともあった。困った母は、「(手足が)完全に生れただけよいと思ってくれ」と涙を袖に隠すばかり。そこで「否定しないんだ」とますますスネるような春子ではなかった。優しい母を泣かせてしまって申し訳ない、もう二度とこんなことは言わないでおこう。そして「自分のような醜いものは、一生涯お嫁には行くまい。その代わり、今日からは、男になったつもりで勉強しよう」とかたく誓った。

英語科を「首席」で卒業

一方、父は自分に似て学問に打ち込む春子をことのほかかわいがった。この子こそ、東京で学問をさせてやらねば。一三歳の春、春子は中央政府の命を受けた父にともなって上京し、竹橋女学校に入学する。日本初の女子中等教育機関として明治五年に創立された同校は進歩的な校風で、英語教育に主軸を置いていた。

田舎育ちの春子は英語に難儀したが、米国人女性から特別に指導を受け、夜は針を刺して眠気を追い払う猛勉強を重ねて必死にくらいついた。実家では威張り散らしていた父はなぜか二人になるとすこぶる優しく、着物から食事まで全部面倒をみてくれる。おかげでわき目もふらずに勉学だけにいそしむことができた春子は、入学三年目にしてついに英語が最上級に達した。

喜びもつかの間、竹橋女学校は明治一〇年に突然廃止となる。背景には西南戦争による財政難のほか、女子の西洋化を快く思わない旧士族らの「女の子が夢中になって英語の暗唱に骨を折るのは怪しからぬ」という攻撃があったようだ。春子はショックのあまり、土蔵にこもって終日泣きとおしたという。

生徒たちは東京女子師範学校（現・お茶の水女子大学）に新設された別科英学科（現・お茶の水女子大学附属中学校・高等学校）に編入することになった。前述のような理由から、西洋人講師はいない。授業が簡単すぎて物足りない春子は米国人女性教師の近くに下宿し、英語の原書で歴史や理科などを学んだ。明治一一年、春子は別科英学科を首席で卒業。英語で書いた卒業論文を卒業式で朗読したことを、春子は後々まで息子たちに自慢していたという。

東京女子師範学校師範科本科に入学した春子は、一年もしないうちに学業が認められ、米国留学する女学生三人のうちの一人に選ばれた。娘の誉れに浮かれた父は姉たちを東京に呼び寄せ、春子もわくわくしながら四か月を渡米準備に費やす。

ところが春子の受難は続く。ある閣僚が「女子が米国の教育に深入りするのは我が国風に適しないだろう」と横やりを入れたせいで、出発直前に留学が中止になってしまったのだ。春子の悲嘆はいかばかりか。しかし四か月も学業が遅れた以上、嘆いてばかりもいられない。父をこれ以上失望させたくなかった春子は、就寝時間を過ぎても押し入れの中でろうそくをともし、こっそり勉強に励んだ。泥棒みたいで恥ずかしいと感じながらも、これに見習う共犯者たちが次々に現れる。いかに当時の女子学生が勉強熱心だったかがしのばれるエピソードである。

妻に「家事」を求めないリベラル夫

卒業を一年後に控えた春子のもとに、英語のできる配偶者を求めていた留学帰りの法学者・鳩山和夫との縁談が持ち込まれた。嫁に行かずに学問一筋に生きようと決心していた春子だったが、誰もが立派な人だというインテリ男性との結婚には心が揺らぎ、縁談の一切を父任せにした。明治一四年に女子師範を卒業して教鞭をとるも、三か月で仕事を辞めて結婚する運びとなった。

学問一筋で主婦の心得は何一つない春子が、いきなり姑と夫との三人暮らし。何もできず途方に暮れる春子を、夫は「ひまがあって困るなら書物を勉強するがよい。夫がせっかく働いても妻がそれを理解してくれないようではつまらない。自分の仕事をわかってもらえれば、それで自分は十分勇気づけられる」と励ました。

言われたとおり法律書や経済書を読んで勉強し、夫の原稿の清書を請け負う日々。リベラルな和夫は妻に家事を強いないばかりか、「春さんの友人等も遊びに来ていいから」と妻の友人を家に招き、仕事がヒマなときは春子たちと遊ぶこともあった。「女三界に家なし」という時代性を鑑《かんが》みれば破格の自由さだが、姑にいびられる気遣いはなかった。結婚前に和夫が、お母さんが気に入るようなお嫁さんが来ることはないから、あらかじめ気に入った女中をやとっておいてくださいと釘をさしておいたのである。

しばらくして、和夫は弁護士として独立開業することになった。当時、弁護士は「代言人」と呼ばれ、弁護士のほうから依頼人宅に出向いてご機嫌をうかがいながら話をきかなければならないほど地位が低かった。これを憂えた和夫は、日本初の法律事務所を設立する。春子が長男・一郎を妊娠したのはこの頃だ。

母親を馬鹿にしない子にするために

家事が苦手な私のとりえは教育。そう考えた春子は、前のめりに胎教に没頭した。英雄の伝記を読み、経国美談を英訳し、畑仕事で体を動かし、胎児のセンスを良くするために絵画を習う。胎教は万全だが、母となるにあたり、春子には気がかりなことがあった。それは大好きな母が、いつも父から「お前は馬鹿だ」と子どもの面前で嘲《あざけ》られ、家来のように扱われていたことだ。お母さんがちっとも尊敬されていないから、お兄さんはお母さんの言うことを聞かずに放蕩《ほうとう》息子になってしまったのでは？

明治一六年、長男・一郎を産んだばかりの春子は、両手をついて夫に懇願した。

「子どもの前で私の過失を叱らないように、子どもの居らぬときに十分責めてください。母親を軽蔑するような子どもは立派になれないと思いますから」

そして、子どもの教育は一任してほしいと付け加えた。当時、教育を取り仕切るのは家長である父親の役目であり、愚かな母親に教育は任せられないと考えられていたから、春子の提案は型破りなものだった。しかし和夫は受け入れ、死ぬまでこの約束を守った。長男の一郎は、父が母を叱ったのを見たことがないと振り返っている。

長男出産からわずか一年一か月で、次男・秀夫が生まれる。これは母乳だけを与えていると母親が子どもにとらわれて妻の務めをまっとうできないという西洋の話に感心した春子が、早々に母乳をやめて牛乳を与えたためである。

産後一か月で東京府知事官邸で開かれた夜会に夫婦で参加することができたのは、まさにこの牛乳育児のおかげなのだった。現代の有名人であれば、生後一か月の新生児に牛乳飲ませてパーティなんてブログがプスプスになるまで炎上しそうだが、春子に言わせればこれにも良妻としての理屈があるのだ。

日本の母親は概して子供の奴隷になって夫を閑却《かんきゃく》し過ぎるから、夫も子供は奥さんに任して子供が出来ると同時に家庭を楽しまず、外で遊ぶことを始め、自然以前の如く夫婦の間柄が濃《こまや》かならず、夫婦共に楽しむ事が少くなって、夫は家をよろこばないで時々他所に夜を明かしたりすることになり、家庭に悲惨な影がさします。それで牛乳を飲ますことになると、妻は母になっても以前の様に自由に、機会に応じて活動が出来ます。

（鳩山春子『鳩山春子　我が自叙伝』）

春子の職場復帰はすこぶる早かった。次男の秀夫を出産してからわずか四か月で、母校に請われて再び教鞭をとる。さらに竹橋女学校時代の恩師である宮川保全らとともに、女子に実践教育を授ける学校を作るために奔走した。明治一九年に創立された共立女子職業学校（現・共立女子学園）がそれである。彼女は母校に勤務する傍ら、同校の教授も兼任した。

現代でもそこまで早期に復帰する女性は少ないが、これにだって春子の言い分はある。

父は多忙であるから、子供の学業をみるのは母である私の務め。しかし自分の語学力では訳読は教えられても、英語の発音はまだまだで、間違った発音のまま教えては害がある。さりとて姑の目が光っている以上、趣味で英会話を習いに行くのも気が引ける。教職を続ければ、自分の勉強にもなるし、西洋人について英語を勉強することもできる。

（……）これは自分の子供を充分に教えたい、間違いなく教えたい、それには大いに準備せねばならぬ、修養せねばならないという心から自ら進んでこの機会を善用したのであります。

（鳩山春子『鳩山春子　我が自叙伝』）

胎教という名目での習い事といい、スピード離乳といい、早すぎる職場復帰といい、本当に夫と子どもだけのため？　と思うのは私だけではあるまい。

たぶん春子は、純粋に勉強が大好きなのだ。ただ、男子集団にいじめられたり、いきなり学校がなくなったり、留学話が立ち消えになったりと、その学究心は「女に学問はいらぬ」という男たちの気まぐれでいつでも邪魔が入った。しかし勉学を支えてくれたのも、やはり父や夫のような学問を愛する男たちである。好きな学問を続けるためには、男性の味方を増やせばいい。これまでの人生でそれを痛感していた春子は、学問を追求する女ほど夫と息子に尽くす良妻賢母になれるという理屈で武装することで、保守的な支配層の男性たちを懐柔しようと考えたのではないだろうか。

朝三時半に起き、幼稚園児に「二時間学習」させる

家事やこまごまとした世話はともかく、春子が子どもの教育に全力を尽くしたことは事実だ。小さな子どもたちにとっては、詰め込み学習よりも五感を発達させる遊びが重要だと考えた春子は、ピアノやオルガンを弾いてあやし、運動をさせ、知育玩具を買い与えた。

幼稚園に入ると毎朝三時半に子どもたちを起こし、二時間勉強を見た。

当時の主要科目は、英語、漢文、数学（算数）。ドリルなんてない時代だから、幼児期の足し算から代数幾何まで、問題を考えてノートに書くのは春子の仕事だ。同じ問題を反復しつつ、徐々に難しく。現代の公文式のような先取り学習は、息子たちに合っていたとみえて、二人の学力はみるみる向上していった。

さすがの春子も、旧制一高（現・東京大学教養学部）の入試を控えた一郎の数学をみるのは難儀したようだ。それでも必死にくらいつこうと根を詰めて勉強したため、春子は激痩《や》

せしてしまう。そんな母を見かねた兄弟が、「母さんは次第に痩せて来るから睡眠を充分にしてくれ」と進言したことで、ようやくこのエクストリーム朝活は終わったのだった。

意外にも春子は、午後は子どもたちを一切机に向かわせなかった。その代わり、囲碁が「亡国の遊戯」と呼ばれ現代のテレビゲーム以上に蔑視されていた時代に、自ら囲碁将棋の手ほどきをした。それ以外にもビリヤード、テニス、クロッケー、園芸、ピアノ、唱歌、器械体操、水泳など、当時できる娯楽はなんでもやらせた。

成功者たちとの付き合いの多かった春子は、彼らの間に「女を玩弄《がんろう》するというのが栄華の極《きわみ》で、しかも一番の楽しみ」という風潮があるのを憂えていた。立派な紳士が不品行に走るのは、勉強漬けで娯楽を知らずに育ったせいではないかと、春子は考えたものだ。

春子曰く、日本人は出世のために欲望を抑えて一生懸命努力するぶん、自由とは「本能のままに乱行」することだと思ってしまっている。余暇の使い方を知らない学生は「昨日は自分はこういう乱暴を働いたとか、人が勉強して居るのに、こういう悪戯《いたずら》をしたとか、喋々《ちょうちょう》とそれをさも自慢そうに語るように」なってしまう。そうしていい学校を出て出世しても、「何事も準備教育がありませんから、つい性欲という最下等の楽しみに耽《ふけ》る様なことになります」。春子、はっきり言いすぎ。

特に春子が推した娯楽は囲碁だった。春子に言わせれば、碁は思考力と敏捷《びんしょう》な判断力を養い、待ったを言わせないことによって決断力と諦めの修養にもなり、負けても悔しがらない訓練となるから品性が陶冶《とうや》され、そのうえコミュニケーションにも役立つ、サクセスの秘訣がいっぱい詰まった娯楽なのだった。

いくら娯楽を教えたところで、子どもたちが夜更かしする気遣いはなかった。エクストリーム朝活のおかげで、子どもたちは夜七時になれば眠くなってしまうのである。春子は毎晩息子たちに、「お前達は目の前に在らるる神の様に尊いパパの御恩を忘れてはならない」と言い聞かせ、父に感謝のあいさつをさせてから就寝させた。なんて理想的な家庭！

残念ながら春子の奮闘むなしく、和夫は「萬朝報《よろずちょうほう》」の黒岩涙香《くろいわるいこう》の人気連載「蓄妾の実例」（明治三一年）で、複数の愛人を囲っていたことをすっぱ抜かれている。さらに付け加えるなら、女子学院出の才媛をめとった長男・一郎も、愛人に子どもを産ませていたことが報じられている。囲碁は浮気のストッパーにはならなかったようである。

政治家家系・鳩山一族の始まり

それでも、春子は夫に対しても息子に対しても恨み言一つ書き残さなかった。夫への崇拝が口先だけのものではないのは、和夫が選挙に出馬した際のエピソードでもわかる。いやしくも国家の選良たるもの、自ら進んで選挙運動などすべきではないと考えていた和夫の代わりに、選挙事務所は春子に選挙運動を依頼した。これを受けるのは相当の覚悟がいることだった。というのも、公選法などない当時の選挙活動はすさまじく、事務所殴り込みだの刃傷沙汰《にんじょうざた》だのは日常茶飯事なのである。しかし春子は夫のため、命がけで有力者を戸別訪問した。春子の奮闘の甲斐あって、ついに明治二五年、鳩山和夫は衆議院議員に当選する。五代にわたる政治家家系、鳩山一族の始まりである。和夫の死後、三〇歳の一郎が父の地盤を受け継いで衆議院議員に立候補したとき、春子が戸別訪問を買って出たのは言うまでもない。

春子はいついかなるときも和夫に感謝していた。

「世の多くの日本婦人の様に世辞もなければ遠慮もなく、礼儀にも詳《つまびら》かならず、まるで男子の如き言語挙動」で、いわゆる女子力に自信のなかった自分を、「嫁の資格として容貌に重きを置かず、ただ頭脳が大切だから」と結婚相手に選んでくれたからだ。洋行帰りのリベラルな和夫は、自分に存在価値を与えてくれた、文字通りの「神」だったのである。

私は鳩山と結婚をして、一郎と秀夫とを儲けましたということは、自分としてはどれほど幸福であったかと常々感謝に堪えません。私の様な者は、西洋風の結婚法においては到底成功せず、日本の如く媒介者においてその性質習慣を詳細に、冷静に考究してから始めて対面するというのでなくては、男子を引きつける術がありません。唯誠実勤勉一点張りでは、決して〱結婚は成立しないと承知して居りましたから、如何なる場合でも不平の感を懐《いだ》いたことはありませんでした。これだけは私の不美人であったことの幸福であります。鳩山と結婚しなかったら一生独身で暮したかもしれないのです。

（鳩山春子『我が自叙伝』）

「美人」への対抗意識

夫を責めない一方で、春子は美人に厳しかった。「新しい女」と呼ばれていた平塚らいてうら大正時代のフェミニストたちも、恋愛ボケの美人として攻撃の対象になった。「御自分達がイツまでも美しくて居らるゝものでしやうか、女は直ちに皺だらけのお婆々様となると気が付かないのでしやうか（……）困つた思想が流行したのです、実に之れは困つた問題であります」（「恋愛万能の新婦人」『時事評論 八（七）』大正一年）。また、教育もないのに美貌だけで玉の輿にのる女性に対しても、敵対心をあらわにしている。

これ等《ら》の美人は、家庭に入つて、果《はた》して良妻賢母たり得るかは問ふ迄《まで》もない事であります。多くは顔を矜《ほこ》つて、只其《ただそ》の美を以《もっ》て夫の甘心を買ひ、世渡りをしやうとの笑婦のやうなさもしい根性を起し、美の衰《おとろ》へないやうにと顔を磨く事や、衣装、髪容《かたち》を飾る事に、時と金とを惜気《おしげ》もなく費して居ります。其の虚栄を満足させんが為《た》めには、家計に無理な工面をしなければならず、遂《つい》には夫を教唆《そそのか》して、収賄等の悪事を働かしむる事は頻々《ひんぴん》実例のある事であります。しかもその害毒は、一家庭内に止まらず、延《ひ》いて社会に虚栄の悪風を蒔《ま》くことが多いのであります。

（鳩山春子「天才と美人と」『婦人週報 四（一八）』大正七年）

おバカ美女は社会を滅ぼすといわんばかりだ。返す刀で、自分のような女性のほうが妻に適しているとアピールするのも忘れない。「不美人の為に女はいつも自分の地位、自分の夫に満足し、感謝するものと断定することが出来れば、天下の賢き男子は寧《むし》ろ美人ならぬ婦人と結婚を希望致しましょう」（『我が自叙伝』）。

美人への対抗心は、ときに春子の評判を下げる事件も巻き起こした。国木田独歩の最初の妻で有島武郎『或《あ》る女』のヒロインのモデルとして知られる佐々城信子が、船の中で出会った日本郵船の事務長と駆け落ちした件を新聞に告発したのは、たまたま同船していた春子だったのである。

男を惑わす美女を、男の立場を慮《おもんぱか》って排撃《はいげき》するスタイルは、「女の子はおバカでかわいければそれでいいんだよ」という世の趨勢《すうせい》に力技で逆らうための戦術のひとつだったのだろう。美女との対比で家族に尽くす自分の献身ぶりをアピールすれば、いくら学問に励もうが表立って石を投げられることはないからだ。

春子の誤算は、表向きは女に良妻賢母を求める男たちも、裏ではちっとも家庭的ではない美人にデレデレしていることを知らなかったことにあるのかもしれない。結果、恋多き美女に嫉妬する退屈な教育ママとして一部文化人の反感を買うことになった。『或る女』の中で鳩山春子をモデルにしたとおぼしき「田川の奥さん」も、登場人物の一人に「利口ばか」と腐されている。

いじられキャラの一面

春子がいじられキャラだったことは、『淫風猥俗肉慾世界』（明治四〇年）収録の「鳩山春子の風流」からもうかがえる。五〇近い鳩山春子が出入りの貸本屋からこっそりエロい巻物を借りているのを女中に見られ、その女中をクビにしたことを揶揄する記事だ。タイトルからして怪しすぎるゴシップ本の真偽はともかくも、エロ絵を見ていただけでネタになるほど、四角四面な教育ママキャラが確立していたのだろう。

事実、春子の過保護ぶりは、一郎が一高に進学してからますます知られるようになっていた。春子が「教育は家庭でするのがいちばんいい、一高の全寮制度は自分の子どものナイーブな感性をきずつけるから寮には入れない」と言い出したことで、一高の上級生たちを憤激させてしまったのである。寮がいやなら一高をやめろといきりたつ一高生たちに、一郎はあわや鉄拳制裁を加えられそうになる。一郎は当時のことをこう振り返る。

結局、私に鉄拳制裁を加えた方がいいということに衆議一決したらしいが、黒田英雄という三年の学生が「本人が入りたくないというわけじゃないから、それは行過ぎだろう」と分けて入り、結局、一ヶ月とか二ヶ月とか、期間を切って入寮することで妥協ができた。そんな経緯もあり、私は寮生活というもののダイゴ味を味わっていないのかもしれないが、ほかの人がよくいうように、寮生活をありがたいものとは考えなかった。

（鳩山一郎『私の履歴書』）

その後、政治家になった一郎のための戸別訪問での出来事も、「鳩山春子ギヤフンと参る」というタイトルでお笑い記事にされている（『実業の世界』大正四年四月一日号）。我が子のためなら悶着《もんちゃく》も辞さない春子のストロングスタイルのせいで、一郎には「苦労知らずのお坊ちゃん」というイメージが常につきまとうことになった。

彼女の監督は食物の上にまで及んで、刺身は危険だからとて一切膳に上させない。万事がかういった調子さ。

（流浪の子『結婚ロマンス』大正八年）

訓育された彼は人生を順調に幸運に進んで居た。失敗による苦難や浮沈による惨《いた》ましき体験を持たぬ彼は世の所謂《いわゆる》オボッチャン性を多分に発揮する。

（高田末吉『躍進日本を操る人々：政界財界』昭和九年）

普通はこんな評判を立てられるのを嫌がるものだが、一郎は自叙伝でてらいなく母の賢さを称えている。ばかりか、「母を賢母と、大つぴらに呼び得るような仕合わせな子」とまで自称している。鳩山一家の鉄壁の家族愛の前では、お坊ちゃんいじりなどは屁でもなかったらしい。

大正時代に「母性」という新しい概念が輸入されると、「少なく生んで手をかけて賢く育てる」春子の子育てにポジティブな注目が集まった。

大正八年に刊行された春子の育児書『我が子の教育』は、女学校を出た新中間層の主婦たちの教育熱に火をつけてベストセラーとなる。当時の「母性」は、現代のような「文明に汚されていない無垢なる母親が生まれながらの本能でひたすら子どもを甘やかす」イメージではなかった。女性が意識的に自己啓発することによって体得し、厳しく子どもを正しい道に教え導く、たいへんにハードルの高い概念だったのである。女学校を出ても社会から評価されるすべのなかった女性たちにとって、自らの手で子どもを立派に育てることは、数少ない自己表現手段のひとつとなった。

母性愛にして完全に啓発さるるなれば、此母性愛実現の為に母自ら自己改善をすれば、その接する人を高く引上げ、その人を美化し、その人を善化するものでございます。

（鳩山春子『我が自叙伝』）

「母性愛にして完全に啓発」された結果、東大に入れた二人の息子はそれぞれ政治家と東大法学部教授となり、自身も教育者として実績を積み、大正一一年には共立女子職業学校の校長に就任する。

翌年同校が関東大震災で全焼した際は、雨に濡れながら寄付金を求めて歩き回り、見事復興に導いた。かくて春子は「良妻賢母主義教育者の代表」（『我が自叙伝』経歴欄）という地位を、後世にいたるまで盤石のものとしたのである。

「女に学問はいらぬ」という風潮に抗う高学歴女性の武器だった「母性」は、ファシズム期に入ってからは子どもたちを戦争に追いやる役割を果たすことになる。

幸いに、といってよいかわからないが、春子は「母性」を旗印に息子を戦争に差し出せと母親たちに迫るインテリ女性の隊列に加わることはなかった。

七〇歳を過ぎても朝三時に起きて読書に励み、本を読めなくなってからは秀夫に朗読させたロングフェローの詩を暗唱して息子たちを驚かせた春子も、老いには勝てなかった。国家総動員法が制定された昭和一三年、春子は七八歳で息を引き取る。傍にいた誰もが最後の一息に気づかなかったほど、安らかな大往生だったという。以下は亡くなった当日の一郎の日記の抜粋である。

大慈愛、大犠牲、大冒険、これが母の生涯を通しての大指導精神であった。

（鳩山一郎「亡き母を偲びて」上屋老編『母を語る』所収）

慈愛と犠牲は母語りにつきものだが、そこに「大冒険」がくっついてくるのが春子らしい。理屈っぽくて容姿に自信がなく、家事も女らしい気遣いも苦手だった勉強好きの少女が、「良妻賢母」という装甲をまとってお偉方たちと渡り合い、家族をモーレツに愛し、夫の成功に命を懸け、校長として学校を維持するため病を押して何十軒もお礼参りをし、時に悶着を起こしながらも、死ぬまで大好きな英語の勉強を続けて我を張り通した。

それは確かに、大冒険と呼ぶにふさわしい生き方だったろう。世間にどういわれようとも、子どもたちにとっては、ただの過保護な教育ママではなかったのである。

「瞞《だま》される自分であっても私は人を瞞す人間にはなりたくない。（……）世間知らずだと酷評されても、どこまでもフェーア・プレーの精神を貫いて生涯を終りたい。（……）父や母がたおれるまで理想に生きて勤勉であったように、私もだから最後の一瞬まで勉強することを何物かに向って誓いたい」

（鳩山一郎『私の自叙伝』）

一郎は春子の死後、母を称える文章をあちこちに寄稿し、春子の押し出しの強さゆえに貼られた「坊ちゃん育ち」「世間知らず」というレッテルをクリーンなイメージに転化してみせた。戦後、羽織袴でオラつくワンマン宰相・吉田茂に不満を募らせていた国民は、公職追放解除でさっそうと復帰した明るい庶民派お坊ちゃん・鳩山一郎に飛びつく。かの有名な「友愛」思想を提唱し、自由民主党の初代総裁に就任して〝鳩山ブーム〟を巻き起こしたのは、よく知られるところだ。脳溢血の後遺症で体調不安を抱えていた一郎は、ソ連との国交正常化を最後の使命と定め、昭和三一年に国交回復に成功する。日ソ共同宣言の調印を終えた一郎がモスクワから帰国すると、歓迎する人の波で自宅の音羽周辺が埋め尽くされていたという。翌日、一郎は引退を表明し、総理の座を辞しておよそ半世紀に及ぶ政治活動を終えた。

孫の代にも引き継がれている「友愛」精神の核心とは、「母性愛を根源とした人間や自然に優しい世界の醸成」（鳩山友愛塾公式サイトより）だそうだ。

スゴ母❻

リリアン・ギルブレス

「仕事を科学する」の先駆者は一二人のママ

かつて一世を風靡した大家族テレビドキュメンタリー「ビッグダディ」シリーズが好きだった。のぞき見趣味と言われればそれまでだが、クセの強い親に、がさつに育てられている子どもたちのたくましさにグッときてしまうのである。

ビッグダディ家には、母親的存在が基本的に欠けている。ところがそれは、さほど子どもたちに暗い影を落とさない。過保護な家庭なら母親を「うっせえババア」と罵っていてもおかしくない年齢の息子たちが、台所に立ちながら「結婚したら共働きがいい。専業主夫でもいい。自分の好きな料理を作りたいから」などと話し合う姿を見て、お母さんなんていないほうが子どもはまともに育つのでは……とすら思ったものだ。

子どもの健全育成のために母親はこれをしろ、あれをしろ、子どものために尽くせとうるさい世の中だが、いなくてもいい存在であれば、「どうせひとつ屋根の下に暮らすのだから楽しくやろうよ」程度の気構えでいたいものである。

「一ダースなら安くなる」アメリカ版ビッグダディ？

二〇世紀初頭に労働環境の合理化を進めたマネジメントコンサルティングの偉人フランク・ギルブレスは、一二人の子どもの父親としても知られる。アメリカ版ビッグダディだ。彼の決まり文句は「一ダースなら安くなる」だった。映画のチケットが一ダースで割引になるように、子どもも一ダース育てたほうがコスパ最強という発想である。さすがは合理化の鬼。

もっともこの件において、真の偉人は妻であるリリアン・ギルブレスのほうだろう。子どもを一二人産み、育てながら、大学院で博士号を取得し、心理学の知識を初めて工業管理に応用し、夫とともに働き方革命を起こしたのだから。二人でも音《ね》を上げそうになるこちらからすれば、想像を絶するバイタリティである。

ギルブレス夫妻の長男と次女が書いた伝記『一ダースなら安くなる　あるマネジメント・パイオニアの生涯』によれば、夫妻は結婚当初から大家族志向だった。新婚ほやほやのフランクは二六歳だったリリアンと子どもの数の話になり、子どもはちょうど一ダースにしようと語りかけた。普通なら冗談と受けとめるところだが、リリアンは一ダースならちょうどいいと請け合う。どうせ産むなら男女六人ずつがいい。

リリアンは大学に進む女性の少なかった時代に大学院まで進学し、文学修士号を取得した超・高学歴女性である。経歴だけ見ても、子だくさんのイメージにはほど遠い。お母さんになる前のリリアンはどんな女性だったのだろう。

リリアンは子どもの頃から人付き合いより読書を好み、家にこもってソネット（一四行詩）を書くことが大好きな夢見がち文学少女だった。母親は他の姉妹とは毛色の違うリリアンのことを、家政を仕込んで社交界にデビューさせるには繊細すぎると感じ、望み通り学問の道に進ませることにした。

カリフォルニア大学バークレー校で英文学を修めたリリアンは、大学院に進学するためコロンビア大学に移る。しかし、師事したかった文芸評論家ブランダー・マシューズは、女は家庭にいるべきという偏見の持ち主で、女子院生の参加を認めていなかった。現世が生きづらい女子は文学に夢を見るが、文学おじさんは往々にして女子に夢見がちなのである。

代わりにリリアンを受け入れたのが、心理学者のエドワード・ソーンダイクだった。ソーンダイクは日本からの留学生・新井鶴子を指導し、一九一二年に日本人女性初となる

Ph.D.（哲学博士）を授与したことでも知られる。大正時代、日本女性は四年制大学進学すらままならなかったことを考えると、彼は非常に先進的な男性だった。

人間は訓練によって進化できると考える科学的信念の前では、人種や性別などささいなことに思えたのだろう。リリアンはソーンダイクの情熱に魅せられ、人間の個性は環境によって形成されること、何に充足するかは人によって違うということを学んだ。これがのちの子育てへの情熱に結び付くことになる。

胸膜炎にかかったリリアンは親族の手で強制的に実家に連れ戻され、あらためてカリフォルニア大学バークレー校に入り直した。自分の繊細さとは正反対の、せっかちで情熱と野性味にあふれたヴィクトリア朝的男性像に心惹かれていたリリアンは、ひとまずヴィクトリア朝小説の研究で一九〇二年春に修士号を得る。

このまま博士課程に進むかどうか迷っていた矢先、まさしくヴィクトリア朝的な男性が彼女の前に現れたのだった。真っ赤なバカでかい高級車に乗り、パリッとしたスーツに身を包んだ陽気な男、フランクが。

子育てしながら「博士号」取得

一〇歳年上のフランクは、高卒でレンガ職人として働きながら科学的管理法を編み出し、建設会社を設立したやり手の人物だった。ハイソなリリアンがお目にかかったことのないタイプの男性だ。

フランクはリリアンの文学トークにはあまり興味をもてなかったものの、彼女の才能には目を見開いた。ドライブ中に車を囲んでからかってきた子どもたちを、リリアンは物語を語り聞かせておとなしくさせたのである。

「君はまるで催眠術師だ」

彼女を取り囲む聴衆は、いつの間にか四二人と一匹の犬に増えていた。合理性の観点から優れた女性を求めるフランクと、文学の研究に行き詰まりを感じていたリリアンは惹かれ合い、すぐに婚約の運びとなった。

フランクはリリアンの高学歴を嫌がるどころか、心理学の研究を続けてほしいと依頼した。フランクは科学的に労働を管理するうえで、労働者の心をつかむためにリリアンの能力が役立つのではないかと考えたのである。

リリアンは期待に応え、結婚七年後に博士論文を完成させたが、ニューヨーク在住だったために博士号の居住要件を満たせなかった。そこで夫婦は一九一〇年に四人の子どもたちを連れてフロリダ州に移住した。一九一一年、フランクは新たにコンサルティング会社ギルブレス社を立ち上げる。フランクは心からリリアンの学問的知識を頼みにしていた。

「いったいどうやったら一二人の子どもを持ってキャリアを続けることができるというの？」

もっともな疑問に、フランクは答えた。

「僕たちはマネジメントを教えてるんだから、自分で実践してみなくては」

一九一五年、リリアンはようやく心理学の博士号を取得した。彼女の博士論文は組織心理学の先駆けともいえるものだった。子どもの数は？　もう六人！

フランクの科学的管理法は、レンガ職人時代の動作研究からスタートした。フランクは他の職人たちの動きを細かく分解し、腰をかがめたり伸ばしたりといった無駄な動作を省けるように工具の置き場所などを工夫することで、職人ひとりが一日に積み上げるレンガの数を一〇〇〇個から二七〇〇個にアップさせた。

動作研究では、作業を行うときの動作を「つかむ」「運ぶ」「探す」など一八種類の要素に細かく分類する。そのうち「避けられる遅れ」に分類される動作を排除し、「避けられない遅れ」の時間を有効活用すれば、その作業は効率的になるはずだ。

子どもを一ダース産むには毎年のように出産しなければならないが、その出産期間を夫婦は「避けられない遅れ」に分類した。この期間は著述に充てられた（リリアン初の単著『職場の心理学』は一九一二年、一三年に分冊で出版されたが、それぞれ前年に子どもを一人ずつ産んでいる）。

リリアンは出産の間際まで子どもの世話をし、何もしなくていいのはお産の間だけ。七人目の出産では、入院中に看護師に鉛筆や校正ゲラを隠されてしまったといって、病院から抜け出し自宅で出産したくらいのワーカホリックぶりだった。

産後床についている間も、母の枕元に子どもたちが列をなし、リボンを付けてもらったり物語を読んでもらったりしたという。料理人とお手伝いさんが住みこみで働いているとはいえ、やはり相当にパワフルな女性である。

ようやく一二人目の出産を終えたときは、夫婦は涙を流して喜んだ。二年後には哺乳瓶もおむつもいらなくなるし、一七年目にしてようやく夜中の二時に目覚ましをかけてミルクを温める必要がなくなる！

想像しただけで、気が遠くなりそう。

子育ても「コスパの追求」

フランクの合理性追求は子育てにも及んだ。子どもたちが皿を洗っているところを映画フィルムに撮影し、無駄な動作を省く。ペンキ塗りなどの臨時労働は、より低い報酬を提案した子どもにやらせる入札制を導入する。お風呂場には工程表と作業表を貼り、一二人の子どもたちが歯磨き、風呂、整髪、宿題、手洗いなどを親の催促なしにすませるように促した。

フランクは子育てだけではなく、自分の生活も効率化した。

剥《む》く時間がもったいないからとりんごは皮のまま芯まで食べ、ボタンを上からでなく下から上に留めることで四秒短縮するという技を産み出した。ただしヒゲ剃りの時間を短縮しようと二本の剃刀を同時に動かしたときは、血まみれの惨事になった。

お父さんのクセがここまで強いと妻の出る幕はなさそうだが、リリアンはリリアンで、子どもたちを操る達人だった。掃除機も洗濯機もない一〇〇年以上前の家庭で、家族一四人分の家事。住みこみのお手伝いと料理人の手を借りたとしても、とうていこなせる量ではない。子どもたちの手伝いが必要だ。

工場では、仕事のわりふりを労働者自身で決めさせたほうが、各自の素質に応じた分担となり経営者にとっても都合がよい。夫婦はさっそく家族会議を開く。

子どもたちは「使用人と料理人が家事を全部やればいいと思う、だってお給料もらってるんだもの」「二人で手が回らないなら、もっと使用人をふやすべき」と手伝いを嫌がった。

ここでいきなり叱りつけたりしないのがリリアンである。

「使用人の数を増やすことはむろんできます」

子どもたちは大喜び。

「しかし、そうするためには予算を切り詰めなくてはいけません。お小遣いを全部やめ、映画、アイスクリームソーダを買うのもやめましょう。新しい服も買えません」

子どもたちはそれぞれ家事手伝いをすることを受け入れた。あくまで子ども自身が選択したというテイである。リリアンは三列のフックを用意してそれぞれまだやってない家事、やりかけの家事、完了した家事とタグづけし、子どもたちに家事カードを自分で移動させた。家事手伝いを〝見える化〟することで、親がガミガミ言う手間を省いたのである。

第二回の家族会議では、子どもの発案で議題が決定した。議題はお母さんが買うじゅうたんの柄。お父さんにとってはどうでもいい議題だった。

一〇〇ドルで無地のじゅうたんを買いたい母に対し、パンくずを落としても目立たない花柄のほうがしょっちゅう掃除しなくていいから「動作の節約」になる、と訴える三女。「動作の節約」は、いついかなるときも作業効率をあげたい父の口癖だった。九五ドルで花柄のじゅうたんを買うことが満場一致で可決されたところで、満を持して次男が発言する。

「節約した五ドルで、コリーの子犬を買うことを提案します」

この会議は、犬を飼いたがっている子どもたちの意向を汲んで、リリアンが台本を書いたものだった。普通にねだっても、卵も産まない役立たずのペットを飼う話など父が議題にのせるはずもない。しかしこの流れなら言える。

「犬は食べ物のクズを食べる。ぼくらの無駄をなくしてゴミ集めの動作を節約する」

「犬はどろぼうを追っ払う」

父も反論する。犬を飼うことを許したら、そのうち馬を飼いたい、ハワイ旅行に連れていけだのと無理難題を言い出すのではないか。

かくして投票が行われた。多数決に持ち込めば子どもたちの有利は確実。父の反対もむなしく、ギルブレス家に犬が迎え入れられることになった。母の作戦勝ちだ。

歯磨きしながら、ドイツ語を学習させる

フランクは家庭教育にも力を注いだ。

この人数では学校の進度に合わせて一人ひとりの勉強をみることはまず不可能だ。そこでフランクは学年を気にせず、子ども全員を対象に身近なものから物事を学ばせた。アリ塚を見つけたら、子どもたちにアリの効率的なチームワークと動作を研究させ、橋を見かけたらそのつくりを説明し、工場の蒸気が見えたら音が聞こえてくるまでの時間をストップウォッチで測らせて、音の速さを計算させた。

子どもたちにわかりやすく解説するのは、リリアン博士の役目である。

筋金入りの文学少女だったリリアンが教育でもっとも重視したのは、物語の朗読だった。子どもたちは寝る前に母の寝室に入り、朗読を聴くためにベッドのまわりに座りこんだ。

子どもたちの生活における「避けられない遅れ」こと風呂と歯磨きの時間も、有効活用された。フランクはまだ高価だった蓄音機を購入して洗面所に設置し、子どもたちの風呂と歯磨きの間にドイツ語とフランス語の練習用レコードを流し続けた。なんと一〇年間も。

おかげで子どもたちはドイツ語もフランス語も流ちょうに話せるようになった。

リリアンが肉を切り分けるのを待っている間は、暗算の練習タイムだ。避暑地で過ごす夏休みも、水泳と天文学の実習期間となった。フランクはおやつや銀貨の場所を記したメッセージを机の上におくというやり方で、モールス信号まで教えた。学校の進度を気にしないギルブレス家の教育のおかげで、子どもたちの中には飛び級する者もめずらしくなかった。

仕事も家庭も順調だったが、悲劇は突然訪れる。

とある企業の無駄な動作を省くアイデアを駅から妻に電話で報告していたフランクは、会話の途中で倒れ、そのまま息を引き取った。享年五五。あとには一一人の子どもが残された。長女は大学在学中、末っ子はまだ二歳だった（一人はジフテリアで早逝していた）。

突然だった。一九二四年六月一四日、フランクは旅立った。予定していた海外にではなく、兵士たちの向かう死地（West）へ。冒険の旅（Quest）は続く！

（リリアン・ギルブレス“The Quest of the One Best Way”）

「フットペダル付きゴミ箱」の誕生

仕事においても家庭においても、クセの強い夫のフォローに徹していたリリアンは、この日から生まれ変わった。

ギルブレス社をひとりで引き継いだリリアンは、夫の死の数日後に代理で国際会議に出席する。子どもたちはその後、母が泣くところを二度と見ることはなかった。子どもたちは、それまで万事控えめで、飛行機や水泳、雷まで怖がっていた母が、何も恐れなくなったと振り返る。

そもそもリリアンは、心理学と科学的管理を統合した生産管理工学のパイオニアだった。夫婦共同で執筆した書籍には女の名前では売れないということで、夫の名前だけがクレジットされることも多かったが、学術的な素養があるのはリリアンである。労働者をマシンとみなすそれまでの科学的管理法に対し、労働者の疲労軽減、インセンティブ、ストレスの最小化といった人間的要素を重視するギルブレス社の管理法は、文学と心理学を学んだリリアンの功績によるところが大きい。

しかしビジネス界にはびこる性差別感情のため、仕事のキャンセルが相次いだ。これでは一一人分の学費を捻出することはできない。

当面、彼女は自宅で科学的管理の研修授業を開講することにした。受講者の一人に、百貨店メイシーズのマネージャーがいた。彼女は三年間、メイシーズのコンサルティングを無償で務めることにした。

とにかく彼女の能力をビジネス界に知らしめなくてはいけない。リリアンは女性販売員たちに積極的に聞き取り調査を行い、従業員の疲労を減らしながら生産性を向上させる方法を編み出した。この成果が知れ渡り、以降は有償の仕事がぽちぽち舞いこむようになる。一九二六年には「ジョンソンエンドジョンソン」の生理ナプキンのマーケティングリサーチを担当した。

さらにリリアンは、新しい研究分野を開拓することにした。家庭マネジメントである。リリアンは独身時代と変わらず家事が嫌いだった。お母さんになったからって家事が好きになるわけじゃない。

この家事嫌いが新しい仕事につながった。科学的管理を家庭に適用して、つらい家事を時短化しよう。そうすれば、ほかの女性たちも外で働くことができる。

こうして生まれたのが、現代では当たり前になったフットペダル付きゴミ箱、冷蔵庫のドア内側の棚、壁の電気スイッチなどである。

ゼネラル・エレクトリック社のコンサルティング仕事では、四〇〇〇人の女性にインタビューを実施し、ストーブ、流し台、その他キッチン備品の適切な高さを設計した。キッチンでの不要な動作を減らすには、コンロ、流し台、冷蔵庫からなる三角形の外周を二六フィート以下にすべしという「ワーク トライアングル」と呼ばれるキッチンレイアウトも、キャスター付きのキッチンワゴンも、彼女のアイデアである。

フランクが口を酸っぱくして繰り返した「動作の節約」スピリットは、リリアンの中に生き続けていた。

彼女は新しいキッチンが旧式のキッチンに比べてどれほど優れているかを報告するため、苺のショートケーキを焼かせた。結果は顕著だった。足の動きが約六分の一に減ったのである。

まだ幼い子どももいるのにバリバリ仕事しすぎでは？　だいたい父親が死んで一週間もたたないうちに子どもたちを置いて海外出張なんて母親失格、と難じる人もいるかもしれない。

しかし子どもたちの回顧録では、この点で母を一切非難していない。むしろ彼らは自分たちの立ち直る力の強さを強調している。これもフランクの教育のたまものだった。心臓に持病を抱えていることを早くから自覚していたフランクは、子どもたちにどこからでも学べる自学自習の精神と家事手伝いの習慣を身につけさせなければならないと考えていた。さらに子どもたちを動作研究の実験に駆り出すことで、子どももまた家業の一員であるという参加意識を持たせた。子だくさんは彼の夢だったが、自分亡きあと重荷がリリアン一人の肩にかかることは、なんとしても避けたかったのだ。

母親の世話がなくても自分たちでなんでもできる、いわゆる自己効力感。これを叩きこまれた一一人の子どもたちは全員大学へ進学し、結婚して家庭を持った。子どもたちがそれぞれの道を進む一方で、リリアンはＩＢＭを始めとするさまざまな有名企業、連邦政府のコンサルタントとして働き、全米技術アカデミーに女性として初めて選出されるなど、華々しい成功を収める。

ギルブレス夫妻の動作研究はトヨタ生産方式に、疲労軽減研究は人間工学に引き継がれ、リリアンの家事時短術は未来の女性たちに子育てと仕事を両立する道を開いた。

一九四〇年代の彼女の称号は「生活技術の天才（a genius in the art of living）」である。

成長した子どもたちがしたためたギルブレス家の回顧録は、クセの強さが面白がられてたちまちベストセラーとなり、一九五〇年に映画化された。一九七二年、計二九人の孫に恵まれ、リリアンは九三歳でその生涯を閉じる。生前の彼女に与えられた名誉学位の数は、二〇にものぼった。

スゴ母❼

マリア・モンテッソーリ

カリスマ教育者の知られざる「苦悩」

我が子に独特な育児を施していた母が、そのままカリスマ教育者として名を馳せることはめずらしくない。何しろ自らの手で乳児の頃からみっちり育てた我が子が結果を出しているのだから、説得力がある。将棋の藤井聡太七段が幼稚園時代に受けていたことで知られる「モンテッソーリ教育」を生んだ二〇世紀初頭のカリスマ教育者、マリア・モンテッソーリも、一児の母だった。そう聞くと、その子どもはどれほどハイパー天才児に育ったのか興味がわいてくる。

結論から言えば、モンテッソーリは我が子を自分の手で育てることはできなかった女性だ。さりとて、教育学の名著『エミール』をものしながら我が子を次々と孤児院の前に捨てたジャン＝ジャック・ルソーのように無責任だったわけでもない。当時の事情から、泣く泣く手放さざるをえなかったのだ。

「目ヂカラ」で性差別と闘う少女

少女時代のモンテッソーリは、とにかく負けん気が強い小学生だった。裁縫などの「女の仕事」で賞をとるだけでは飽き足らず、数学にも熱心に取り組んだ。教師から「目つきがおかしい」といちゃもんをつけられることもあったが、その教師の前ではずっと目を伏せ続けることでのりきった。主計官の父、および社会進出の夢を娘ではたしたい母の影響もあって、モンテッソーリは一三歳で工科学校に進学し、工科大学まで進む。一八八〇年代のイタリアでは女子の多くは小学校以上の教育を受けることはなかったから、モンテッソーリはかなり特殊な女の子だったのである。大学卒業後、彼女はさらにイタリアの女性が誰も成し遂げたことのない学問に挑戦しようと考えた。医学である。

当時のイタリアでは、女性の医学部入学は認められていなかった。さすがに父親も親族も反対し、味方は母親だけ。モンテッソーリは二年間ローマ大学自然科学部で学んだのち、一八九二年に二二歳で医学部に転部をはたした。

父の反対を押し切ってイタリア最初の女子医学生となったモンテッソーリは当初、他の学生たちからさまざまな嫌がらせを受けた。

しかし、モンテッソーリのメンタルはそんなことでは動じなかった。モンテッソーリの椅子の背を足で蹴ったある男子学生は、そのときのことをこう回想する。

「ぼく、きっと不死身なんだ。でなきゃ、あんな目で見られたときにとっくに死んでるよ」

小学生時代の教師のエピソードと合わせると、モンテッソーリは相当目ヂカラが強い女子だったようだ。

裕福な家庭で培われた優雅さ、性差別を目で殺せるカリスマ性、男子学生を成績でしのぐ知性を兼ね備えたモンテッソーリは、最終学年を迎えるころには尊敬の的となっていた。

日本やイタリアのように母親依存の強い国では女性の社会的地位は低くとどめられがちだが、母性を体現する女性と認められるや崇拝されることは少なくない。医学部進学に猛反対し、娘と仲違いしていた父も、評判を聞いてひっそり娘の研究発表に潜り込む。聴衆の拍手喝采を目にして有頂天になった父は、ようやく娘を認めたのだった。

男女同一賃金を訴える

好成績を修めて二六歳でイタリア人女性初の医学博士号を取得したモンテッソーリは、すぐに病院助手の仕事を与えられた。

社会人として働くうちに、彼女は慈善事業に熱心に取り組む英米の上流婦人たちとの交流を深めていく。恵まれた自分は高い教育を受けることができたけれど、貧しい女性たちは工場などで一日一八時間働き、男性の半分以下の賃金しか得られていない。そんな現実にいてもたってもいられなくなったモンテッソーリは、医学部卒業から一か月ほどで、ベルリンで開かれた国際婦人会議に、イタリア代表団のひとりとして乗りこんだ。イタリアの貧しい女性たちの窮状を伝え、せめて国営工場は男女同一賃金にすべきだというモンテッソーリの主張は満場一致で採択された。もっとも、記者たちは彼女の訴えの内容より彼女本人の魅力に釘付けになったようだ。

「優美で、にこやかな姿、貴婦人のような物腰、その魅力と美しさ（……）農民や工場で働く女性の解放や、既婚婦人の経済的・法的権利について、ローマ風のアクセントで語ると、それは音楽のように響いてくる。突然、このような内外科医が一〇万人もいたらいいのに、と思ってしまうのである」

「モンテッソーリ博士が現れると、なみいる紳士たちも皮肉をやめ、思わず笑みをこぼしてしまう（……）なんと愛らしい、自由な女性だろう！　だれでも彼女を抱きしめたくなる。彼女の言っていることを理解できない者でさえもが、音楽のような声と表情には魅せられていた」

いつの時代も女性解放論者はマスコミにモンスター扱いされがちだが、モンテッソーリの高い女子力（母性力？）は、意地悪なマスコミをもキュンキュンさせてしまったようだ。モンテッソーリ自身はアイドル扱いに納得しておらず、両親に向けてこんな手紙を書いた。

「私は、すべて忘れさせてみせるわ！　もうけっして顔写真が新聞に載ることはないでしょう。だれも、私のいわゆる魅力について、二度と口にしようとは思わないでしょう。だって、真剣な仕事にとりかかるんですもの！」

モンテッソーリ教育の誕生

イタリアに帰ったモンテッソーリは、二七歳でローマ大学付属病院に精神科医の助手として配属された。知的障害児を収容する施設を訪れたモンテッソーリは、衝撃的な光景を目にする。暗い部屋にはおもちゃひとつなく、子どもたちは運ばれてくる食物を食べる以外は何もすることがなかった。世話人から嫌悪感たっぷりに「彼らは食事が終わると床の上を這いずり回ってパンくずを拾うんですよ」と伝えられると、モンテッソーリはこう考えた。

「知的刺激が何もないから、パンくずで遊ぼうとしているのでは？」

この子たちを救うのは医学ではなく、教育であるはずだ。これが、モンテッソーリが教育の問題に足を踏みこむきっかけとなった。さっそく彼女は教育学の勉強を始め、主要文献をすべて読破した。

モンテッソーリは知的障害児たちに指先を動かす玩具を与えた。感覚を刺激して、知能の向上を試みたのだ。感覚刺激教育法を受けた知的障害児に知能テストを受けさせると、はたして彼らの知能は当時の健常児たちの知能を上回った。この実験結果はイタリアの教育界に衝撃を与え、モンテッソーリは一躍時の人となった。

「未婚の母」という秘密

順風満帆かに見えたモンテッソーリの医師人生に暗い影を落とす事件が訪れた。精神科の同僚で同じく知的障害児の問題に取り組んでいたジュゼッペ・モンテサーノと親密に仕事をするうちに、彼の子どもを妊娠してしまったのである。

当時のイタリアにおいて、未婚で出産することは社会的な死を意味した。にもかかわらずモンテサーノの母は由緒正しい家柄を誇る厳格な未亡人で、息子との結婚を許さなかった。あらゆる困難に打ち勝ったモンテッソーリだったが、イタリアのオカンパワーを前にしてはなす術もない。一八九八年、秘密裏に生まれた赤ちゃんはマリオと名付けられたのち、すぐに遠い養父母のもとへ送られる。この計画にはモンテサーノの母親だけではなく、モンテッソーリの母親も加わっていた。仕事も地位も捨てて私生児を育てる選択肢は、娘の成功に主婦人生のすべてを捧げた母の気持ちを考えると選べなかったのだろう。

嘆くモンテッソーリをなだめるため、モンテサーノは誰とも結婚しないことを約束する。この誓いが守られればまだよかったのだが、彼は一年後にさっさと別の女性と結婚してしまった。自分は赤ちゃんを奪われ、我が子と明らかにすることすら許されないのに……。

精神的な危機に直面したモンテッソーリは、女子修道院に引きこもる。数週間ひとりで過ごした彼女は、子どもたちの教育を改善することにすべてのエネルギーを注ぎこもうと決意する。

「母親の役割」を共同化する

マリオの出産から二年後、モンテッソーリはローマの知的障害児教育施設の所長となる。しかし共同責任者であったモンテサーノとの関係を断つため、翌年施設を辞職してローマ大学に再入学し、実験心理学、人類学、教育学を正式に修めた。一般児童の教育方法を学ぶためだ。自らの母性に誇りを持っていた彼女にとって、我が子の人格形成期に一緒にいられないことはとてつもない喪失感をもたらしたはずだが、児童教育をライフワークとすることでそれを埋め合わせようとしたのだろう。

一九〇七年、モンテッソーリはスラム街の子ども集団を教育する機会を得て、幼児教育機関「子どもの家」第1号を開設する。

留守がちな親に放っておかれていた子どもたちは、感覚教具で遊びながら、身だしなみ、片付けや掃除、行儀の良さなどを身につけた。当初モンテッソーリがもくろんだのは、〝母親の役割〟を共同化することだった。

母親の義務とされているしつけを共同化すれば、一般の母親たちも気軽に働くことができ、乳母や家庭教師を使える貴婦人のように自分の時間を持てる。貧しい子どもたちも裕福な子どもと同じ教育を受けられるから、社会階層が平等化する。そう彼女は考えたのだ。母親らしいことをしてもらえない子どもたちのケアの問題に彼女が敏感だったのは、おそらく彼女自身の子どものことも念頭にあったのだろう。

そういうわけで「子どもの家」ではまずしつけが優先されたが、子どもたちは自ら進んで読み書きを学びたがるようになった。要望に応えてモンテッソーリが読み書きを覚える幼児用玩具を作成すると、小学生なみの手紙を書ける者まで現れた。

スラム街の子どもたちが四~五歳で読み書きをマスターする姿は「現代の奇跡」と報道され、モンテッソーリ教育は国内のみならずヨーロッパ諸国やアメリカにも広がることとなる（日本で初めて新聞にモンテッソーリ教育が紹介されたのは、明治四五年一月一一日の「萬朝報」である）。

世界的に有名になったモンテッソーリのもとに崇拝者が集まり、国際的なモンテッソーリ運動が始動する。自らの家庭を断念したモンテッソーリは、女弟子たちを我が子のように扱った。彼らから「Mammolina（おかあさま）」と呼ばれながら、モンテッソーリは孤独を振り切るように教育を普及する仕事に没頭する。無責任男にひっかからなければモンテッソーリ教育はこれほど普及することはなかったのかもしれないし、藤井七段は七段ではなかったかもしれない。運命とは奇なるものなり。

最愛の息子と向き合う

モンテッソーリは忙しい仕事のかたわら、たびたびマリオに会いに訪れた。しかし自分からは決して母親であることを明かさなかった。

モンテッソーリは母の死後、ようやく一四歳になっていたマリオを引きとることができた。このときのことを、マリオはこう記憶している。学校に訪れモンテッソーリが車から降りると、マリオは彼女に近づいて、こう話しかけた。

「ぼく、知っています。お母さんでしょう」

モンテッソーリは彼の言葉を否定しなかった。一緒に行きたいと告げるマリオを、モンテッソーリは黙って車に乗せた。母子ふたりの生活の始まりだった。

マリオはたちまちモンテッソーリ教育の崇拝者となり、一九二九年にはモンテッソーリとともに国際モンテッソーリ協会を設立する。

なぜ母に育てられていない子どもが、献身的に母の仕事に協力できたのだろう。捨てられたことをなじってもおかしくないのに。マリオの長女であるマリレーナに言わせれば、「父の献身的な愛は、通常の親子が形成する愛着関係の結果ではなく、（……）父の意識的な自己選択によるもの」だったという。赤の他人をして「おかあさま」と呼ばしめるモンテッソーリのカリスマチックな母性と強固な信念は、ときどき会うだけの息子をも魅了していたのだろう。

モンテッソーリは公の場ではマリオを甥もしくは養子として扱ったが、ふたりは親子以上に信念によって固く結びついていた。彼女が世界各国を回ってモンテッソーリ教育の普及に努めるとき、いつもそばにマリオの姿があった。マリオの後妻や子どもたちも国際モンテッソーリ協会の仕事を手伝っていたから、晩年のモンテッソーリの周辺はさぞ賑やかだったことだろう。

一九五二年、モンテッソーリが脳溢血で倒れ、八一年の生涯を閉じたときも、マリオと一緒だった。マリオは母と昼食をとりながら、ガーナの教員養成に力を貸してほしいと知人に頼まれた話を伝えた。

「援助が必要ならば、もちろん私たちはそこに行かなければなりません」

と意気込むモンテッソーリ。マリオはアフリカの灼熱の気候と原始的な生活への懸念を老母に伝えたが、彼女の決意はゆるがなかった。

「お前が望まなくても、私はお前をいっしょに連れていきますからね。(……)いいえ、たとえお前をここに残してでも、私はそこに行くつもりです」

やれやれ。マリオはそのまま部屋を出ていった。ふたたびマリオが戻ってくると、母はすでに息を引き取っていた。

「母はきっとガーナに出かけたのかもしれません。――あるいは、子どもたちが母を必要としている世界のどこかに行ったのかもしれません」

すでに用意されていた遺言状にはこう書かれていた。

私の全財産に関しては、物質的にも精神的にも私の息子のものであると断言する。……また当然私の知的および社会的仕事の収益すべても彼のものである。なぜなら、私には彼が励みであり、また彼が世に出て活躍できるようになってからの変わらぬ協力があればこそできたことであり、彼は私の仕事を手伝うため生涯を捧げてくれたからである。

（リタ・クレーマー『マリア・モンテッソーリ子どもへの愛と生涯』）

モンテッソーリは公の文書で初めてマリオを"Il figlio mio（私の息子）"と表記した。生きている間はかなわぬことだったのだ。

マリオは一九八二年に八三歳で亡くなったが、現在は彼の四人の子どもたちと一一人の孫たちがマリオの仕事を受け継ぎ、モンテッソーリ運動を継承している。

スゴ母❽

マーガレット・ミード

娘を「研究・発表」し続けた母の人生

ＳＮＳの登場以来、子どもたちは生まれたころからその言動を記録され、広くシェアされる社会を生きている。

そのメリットは計り知れない。無数の失敗例と成功例と解決法がただようネットの中で、親たちは我が子に合ったものを取捨選択して自分の育児に取り入れることができる。「こんなことしてるの、うちの子だけ？」「大丈夫、みんなそうだから」「こんなことでイライラするの、私だけ？」「大丈夫、イライラするくらいならやめちゃおうぜ」。私たちはもう、育児書通りにほうれん草の筋を全部とって離乳食を作ったのに食べてくれない、なんてことでノイローゼになったりせずにすむのだ。

その一方で、子どもたちの生育過程が逐一公開されるということについて、懸念を持つ人も少なくない。成長したら、親を恨むようになるのでは？

ネットが広く浸透するはるか昔、自分の成長が記録され、公開され続けるという体験をした女性がいる。その名もメアリー・キャサリン・ベイトソン。二〇世紀アメリカのスター文化人類学者、マーガレット・ミードとグレゴリー・ベイトソンの一人娘である。

育児も「研究」のひとつ

一九三九年、オセアニア地域の先住民族の研究ですでにその名を知られていたマーガレット・ミードは、三八歳でメアリーを生む。当時としてはかなり遅めの初産だったが、育児のために研究を辞めるつもりはなかった。むしろ研究を育児に応用し、育児を研究に役立てようとした。

彼女の研究のやりかたとは、実際に研究対象の民族とともに暮らして生活にとけこんだ上で、その生活様式や文化を記録するというもの。いわゆるフィールドワークである。

マーガレットにとって、生活と研究は切り離せない。研究内容は実人生にも影響を及ぼした。葬式用に華やかなフラワーアレンジを花屋に注文して常識外れと断られたときは、「私は四つの大陸で葬式をとりしきった人間です」と言って強引に作らせたくらいだ。

当然、そのやりかたは育児にも適用された。当時のアメリカでは授乳時間をきっちり決めた機能的な育児が主流だったが、マーガレットは赤ちゃんにつねに付き添って求められるままに授乳する原始的な部族の母親たちのやりかたを参考にした。

もちろん、そのまま真似しては研究と両立できない。そこでマーガレットは、娘が乳を欲しがる時間を記録してその変動を分析し、前もって授乳スケジュールを立てた。授乳の隙間に授業や会議などの予定を入れていくのである。五年後、マーガレットの考えは全世界の母親たちに広がることになる。乳児の求めに応じて授乳する「セルフデマンド方式」を提唱して一世を風靡したスポック博士は、マーガレットの担当医だったのだ（もっともスポック博士は、母親たちに個々の赤ちゃんのリズムを記録・分析して予測せよ、とまでは要求しなかったが）。

多様な原始文化の知恵を、近代の医学とテクノロジーに結びつけ、自分の生活を改良する。それがマーガレットの研究のモチベーションだった。育児においても他民族の知恵を活かせば誕生の瞬間から最高の環境を用意できる。

最愛の娘であるメアリーは、マーガレットのプロジェクトにおける最高の被験者でもあった。出産を撮影するのはもちろん、つねにノートを携帯していたマーガレットは、メアリーの言動を逐一書きとめ、ときにはそれを学術研究の場で公開した。大学生になったメアリーが自分の幼い頃の絵を捨てることも許さなかった。記録はマーガレットが何よりも大事にするものだったのである。

大家族との共同生活

産後のマーガレットは、子持ちの英国人女性を乳母として住まわせた。子持ちの女性なら、年長の子どもも一緒になって赤ちゃんをあやしてくれるからだ。子どもが赤ちゃんのうちは親密に遊んでくれる年長者が一人二人いればいい。ただし二歳以降はもっと社会に溶け込ませなくてはいけない。複数の家族が一緒に暮らし、複数の大人に世話されることが子どもの成長に役立つはずだ。こうしたマーガレットの考えは、子どもたちが気軽によその家庭に入り込んで生活するサモアの生活様式に触発されたものだった。そのためメアリーは、アメリカが世界大戦に参加したことを機に、社会学者のローレンス・フランクの一家と同居することにした。フランク家は先妻が残した五人の子ども、再婚相手の若い妻、その赤ちゃんという八人家族で、メアリーは一気に大家族の一員になったのである。

フランク一家を頼ることで、マーガレットも夫のグレゴリーも各地を飛び回って心置きなく研究をつづけることができた。そんな育児で大丈夫？　そりゃお勉強の必要ない幼児期は預けっぱなしでいいかもしれないけど、小学校にあがったらそうもいかないでしょ。現代日本だったらそんなツッコミも当然くるだろう。

もちろん、現代日本のワーキングマザーを恐れさせる「小一の壁」問題は、マーガレットにとっても無縁ではなかった。マーガレットはどうしたかというと、平日の午後はクラスメートの親の家に、週末はマリーおばさんの家に、急な病気のときは、アート系でヒッピーな妹エリザベスの家にメアリーを送り込んだ。

他人をここまで自分の育児に巻き込むなんて、想像しただけで気苦労でめまいがしそうだ。よその民族に入り込んで葬式までとりしきる高度な社交スキルの持ち主だけができる育児だろう。

モンスター級のコミュニケーション能力

メアリー自身も変則的な生活スタイルに順応し、どの家でも大人が預かりたくなるような愛嬌のあるお行儀のいい子を演じきった。

メアリーがいい子にならざるをえなかったのは、悪いことをするとマーガレットが長い話し合いをしたがるせいもあったかもしれない。子どもと一緒にいられるわずかな時間をお仕置きに費やしたくなかったマーガレットは、怒る代わりにとことん理詰めで話して聞かせようとしたのである。子どもからすれば、これは怒られるよりも厄介なことだった。

個々のディテールとスタイルに思いを込め、人間の多様性そのものを愛してやまなかったマーガレットは、まるで芸術通のひとが作品に接するようにして人間に接し、まったく対照的な人生の選択をしてきたひとたち——人間というもののさまざまな面を、さまざまな家庭の作り方を、女としてのさまざまな生き方を見せているひとたち——との広範な関係のなかに子供の私を連れ込んだのだ。

（メアリー・キャサリン・ベイトソン『娘の眼から　ミードとベイトソンの私的メモワール』）

デモに参加する口が悪くてヒッピーな妹、ド派手に暮らす芸術家夫婦の家、家事を教えてくれる節約好きなおばさん。それぞれに個性的な家庭で家族同然に暮らしてきたメアリーは、幼い文化人類学者として多様な文化を受け入れる下地を作ることができた。文化の違いを尊重し、適応しながら、自分が理解できるパターンを異文化の中に見出すのは、文化人類学者に必要な能力だ。もっともこうした育児には、危うい一面もあった。メアリーは露出狂にあったときでさえ、こういう文化もあるのかも？　と逃げずに友人と対応を真面目に語りあってしまったのである（話を聞いたマーガレットはすぐに警察に通報した）。

多様性を愛し、当時の女性の規範から外れた生き方を選んだマーガレットだったが、しきたりと伝統、礼儀作法を重んじる保守的なお母さんという面もあった。「その社会で尊ばれているしきたりを知り、それにしたがった行動がとれるだけの素養を身につけ、現実の場でその知識を活かすことで他人への敬いの気持ちを表わす」（『娘の眼から』）。これはマーガレットがそれぞれの部族に溶け込んでフィールドワークをするうえで欠かせない技術だった。

気乗りしないメアリーに社交ダンスを習わせたのも、マナーブックと首っ引きでメアリーの結婚式を挙げたのも、上流階級のアメリカ人という部族でうまくやっていけるようにするためだったのだろうか。

身につける衣服も、要はどれだけ「適切」であるか、ということだった。マーガレットの着るものは、いつもその「場」を意識した複雑な計算の結果だった。十分にフォーマルであって堅苦しくなく、十分にフェミニンであって「女」を強調しすぎない。母の服装はいつも、場をともにするひとたちへの一種の辞令なのだった。

（メアリー・キャサリン・ベイトソン『娘の眼から』）

マーガレットは幅広い交友関係を維持するため、毎年何十枚も手書きでクリスマスカードを書いて送った。一方、離れて暮らす夫のグレゴリーは、マナーも身だしなみも意に介さない非社交的な性格で、娘への手紙すら年に一度か二度、それも植物組織の図解入りのよくわからないものだった。グレゴリーに限らず、マーガレットのようなモンスター級のコミュニケーション能力を持ち合わせていた男性学者はそう多くはなかっただろう。おそらくそれも、彼女をスター人類学者たらしめた要因のひとつだったのかもしれない。

マーガレットが娘にした「性教育」

マーガレット・ミードの育児で多くの人が気になるのが、性教育ではないだろうか。サモアの少女たちの性的奔放さについて記した『サモアの思春期』（一九二八年）で、アメリカ社会にセンセーションを巻き起こしたのは有名な話である（戦後、サモア女子そこまで奔放ではなかったという説が登場し論議を呼んだがそれはさておき）。

娘にも乱交を勧めるのか、逆に厳しく抑え込むのか。マーガレットはそのどちらも選ばなかった。性を抑圧するのもよくないが、性を強調しすぎるのも同じくらい抑圧的である。そう考えたマーガレットは、まずは娘が女である自分の体を好ましく思うように心を砕いた。というのも、初潮を迎えた少女が自分の体に嫌悪感を抱き、精神的に不安定になるのは、先進国の少女によくみられる現象だからだ。

マーガレットが生理をポジティブに語り聞かせたことで、大抵の女性が不快に思う生理の二、三日目に、メアリーはしばしば「軽快な感覚に包まれ」たという。

生理にウキウキしてスキップするメアリーに、マーガレットはこう語った。

「いまおまえが感じているのはね、愛を与え、命を与え、命を育む可能性なの。大自然の生命の営みと一つになれる歓びなのよ」

セックスそのものについても、科学用語を用いて正直に教えた。「大人になるとこんないいことがあるのよ。楽しみにしてるといいわ」。マーガレットは性行為をポジティブに伝えるため、「ファック」の代わりに「メイク・ラブ」という言葉を好んで用いた。

何かを禁じられれば禁じられるほど、解放感を求めて実行したがるのは思春期少年少女の常である。おかげでメアリーが性的非行に走ることはなかった。

もっとも、そんな性教育がなくても結果は同じことだったかもしれない。メアリーが一〇歳のときに両親が離婚し、一三歳で母が一年近くフィールドワークで家を空けたため、メアリーは多感な思春期をひとりぼっちで過ごすことになった。複雑な家庭環境によって早めの親離れを済ませたメアリーは、同世代の幼い男子に目を向ける気にはなれなかったのである。

三回結婚した母、その娘が選んだ「人生」

幼稚な周囲になじめないまま大学に進学したメアリーの心をとらえたのは、何事にも率直な態度をとるアルメニア人学生のバルケフだった。家族に関する母の講演を聞いたあとで、「結婚の失敗者をロールモデルとして抱えているんですもの、生涯を結婚生活にささげて生きるなんてできるはずがない」と泣くメアリーを、バルケフはただ優しく慰めた。

メアリーは学部卒業後、すぐにバルケフと結婚する。自分を貫くために次々に結婚相手を替えた父母とは反対に、メアリーは夫の転勤に合わせて専門を四つも五つも替えた。そしてそれぞれの専門を生かせることができるのは人類学だと悟り、ついに母と同じ人類学者になった。

マーガレットの執筆姿に幼い頃から憧れ、八歳のときに書いた書評が雑誌に載ったこともあるメアリーにとって、それは自然ななりゆきだった。マーガレットは結婚のロールモデルにこそならなかったが、「働く女性」としては最高のロールモデルだった。

自分の過去を振り返って決定的に重要だったと思うのは、早い時期に私が母とははっきりと分岐した進路をとり、そのため親子の会話が、互いに隔たった立場からの話し合いというかたちをとったことだ。親としてマーガレットがもっとも恐れたことは、他人の人生に自分を割り込ませ、そのひとにふさわしい将来の姿を想像する才能が災いして、のちに本人から拒絶されるような道へ娘を導いてしまうのではないかということだった。どんな口論のときも、母がもっとも傷つくのは「干渉しないで。私を支配しようとしないで」と言われることだと私は知っていた。実際母は、他人からそれを言われ続けてきたのである。

（メアリー・キャサリン・ベイトソン『娘の眼から』）

マーガレットは三回離婚している。子どもの頃から小さな子どものお世話が好きだったマーガレットは、「田舎の教区で家中子どもだらけのような状態で育児につとめる」ことを夢見て、牧師の家の息子と結婚した。夫のような謹厳実直な優しい男性こそ、牧師にふさわしい。そう思い込んでいたマーガレットに導かれるように夫は神学校に入るが、向いていないと気づいて牧師の道を断念する。

研究者として出会った二番目の夫はもともと心理学者だったが、同志を求める孤独な女性人類学者の物語に飲み込まれ、専門を人類学に鞍替えした。常にマーガレットの関心を自分に向けていたかった彼は繕い物にさえ嫉妬する始末で、とうてい子どもは望めなかった。

三番目の夫グレゴリーは、息子の人生を支配しようとした実母への反発もあって、身だしなみに口を出すマーガレットから離れていった。

未来の娘へ向けた詩

たぐいまれなるコミュニケーション力で誰とでも自分のイメージ通りの関係を築くことができるけれど、結果としてそれは愛する人の人生をのっとることにつながり、支配されていると気づいた男たちは離れていく。彼女の研究生活を支えた観察力と分析力を、真正面から受け止め切れる人間はいなかった。

三回の離婚でそれをいやというほど思い知ったマーガレットは、娘から嫌われることにもおびえていた。マーガレットは娘との会話もすぐにノートに記録するから、メアリーのほうでも無意識のうちに母がノートに書きたくなるようなことを言おうと努めてしまう。メアリーの意見が若者の意見として発表されることもあるからだ。「マーガレットはノートを使って、相手がこちらの必要とする情報を出してくれるよう教育してしまうのだ」とメアリーが語ったように、商売道具であるノートが、知らず知らずのうちに相手をコントロールすることもあった。

「母は自分の子の養育ということにあまり多くの理念を込めたので、母の正しさを証明するような人生を歩んでいくことに私自身の幸せがあるというような感覚を抱かされていたように思う」

このままだとメアリーもかつての夫たちの二の舞になってしまう。研究者になってからのメアリーは、研究の概要を自分から母に話すことで、母の干渉を避けた。マーガレットも成長後の娘を〝異文化〟と受け止め、たまの会話を楽しみながらも人生に立ち入ろうとはしなかった。

マーガレットはメアリーが八歳のとき、未来の娘に向けてひっそり詩を書きとめている。「あなたが歩くその足元につきまとう気ぜわしい亡霊にはなるまい」という一文から始まるその詩は、マーガレットがそれまで書き続けていた詩作の最後の一篇となった。

You must be free to take a path
Whose end I feel no need to know,
No irking fever to be sure
You went where I would have you go,

あなたは自由に道を選ばなくてはいけない
その道がどこに続くのか、私が知る必要はない
私が行かせたいと願った地にあなたがたどりついたか
確かめたいという焦燥に駆り立てられることもない

（マーガレットの詩、筆者訳）

後年、母の論文の中に埋もれていたこの詩を見つけたメアリーは、子どもに宛てた詩であるとともに、冷淡になりつつあったグレゴリーのことも念頭に置いた詩でもあると感じた。

誰とだって仲良くできるのに、愛する人々は去っていく。マーガレットは自らの孤独な

運命を受け止め、やがて来る別れに向けて自分を奮い立たせようとしたのではないだろうか。

一九七八年、一時退院した末期がんのマーガレットを、メアリーはアパートに連れ帰った。肉親である自分もニューヨークに残るべきかどうか悩む娘を安心させるように、マーガレットは言い切った。「病気が治るという確信を共有してくれないひとといっしょに暮らすのはお断り。だってあなたはイランで新しい大学をつくっていく仕事があるじゃない」。

その夏、メアリーが学術会議で発表する姿を、前列に座ったマーガレットとグレゴリーが老いた恋人同士のように寄り添いながら見守った。これが親子三人で参加する最後の仕事になった。

So you can go without regret
Away from this familiar land,
Leaving your kiss upon my hair
And all the future in your hands.

だから行きなさい、思い残すことなく
このなじみ深い地から離れて
私の髪にくちづけを残して
未来のすべてはあなたの手の中

（マーガレットの詩、筆者訳）

メアリーは母の死の知らせを、イランで受け取った。

誰もが知っているあのスゴい女性、もしくはスゴい女性を育てたお母さん。あらためてその母親業を振り返ってみると、やっぱりスゴかった。

黒柳朝　「私がいちばんきらいなものは、子どもの泣き声と、人間が言い争う声」

随筆家／黒柳徹子の母

北海道の山のふもとで町医者の娘として生まれる。おおらかで叱らない父母のもと、おてんばに遊びまわる少女時代を過ごす。子どものころから目を輝かせて話を大げさに盛るくせがあり、ついたあだ名は「ホラチョッちゃん」。

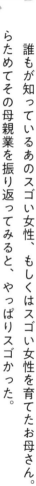

「みんなは私の話がオーバーだといい、情熱的だと思ってくださらない。でも、私はそんな冷静な話し方ではちっとも面白くなく、シラけて、目も光らなく、つまらないのです」（黒柳朝『チョッちゃんが行くわよ』）

岩見沢高等女学校に進んでからも、制服のスカートを短くして怒られたり、ロシア人のパン屋を学校に呼んでみんなで買い食いして大目玉をくらったり、寄宿舎のバニラエッセンスをこっそり体にふりかけて頭痛で倒れたりと、相変わらずやんちゃに過ごす。

卒業後は上京して音楽学校の声楽科へ。オペラのコーラスガールのバイト中、ヴァイオリニストの黒柳守綱と出会い、強引に求婚されて結婚。翌年、長女・徹子を出産する。「私がいちばんきらいなものは、子どもの泣き声と、人間が言い争う声」という朝は、徹子が毎日服をボロボロにして帰ってきても、決して怒らなかった。鉄条網をくぐってパンツまでびりびりになったときも、「それは面白いの？」と、まずは質問。鉄条網をくぐるコツを楽しげに語る徹子の話に耳を傾けながら、「なにが面白いか、と思えるこういうことが、子どもにとっては、本当に楽しいことなんだから、なんて、うらやましいこと……」と感心するのだった。

窓から体を乗り出すような危ないことでも、叱って止めさせることはしない。代わりに、窓から娘の体を逆さにぶらさげ、下のコンクリートに頭をぶつけて「ホラ、コンコンと頭がぶつかって痛いのよ」と実地で教えた。自由な子ども時代を過ごした朝は、子どもの好奇心の邪魔をしたくなかったのだ。

のびのび育った徹子は、小学校にあがるや窓からチンドン屋を呼ぶわ、授業中にツバメと会話するわでさっそく問題児扱い。退学を促す担任教師の前で小さくなりながらも、どうしても我が子が悪いとは思えなかった朝は、自由な学校を探すことにした。コンプレックスを与えないように退学の事実を娘に伏せつつ転校させたトモエ学園がいかにすばらしい学校であったかは、戦後最大のベストセラー『窓ぎわのトットちゃん』に描かれたとおり。朝も子どもたちと一緒にピクニックや運動会に参加して、大いに学園生活を楽しんだ。

昭和一九年に夫が出征。翌年、朝は三人の子どもと老母を抱えて青森へ疎開する。五人家族を養うため、農業組合の事務員、洋裁の内職、結婚式の余興、行商などでたくましくお金を稼いでいく。終戦後は青森―東京間を往復する行商で生計を立てた。昭和二四年、シベリアに抑留されていた夫が復員。四七歳で三男を出産する。七〇歳で子育てを終えた朝は、これからが自分の人生だと考え、自伝エッセイ『チョッちゃんが行くわよ』を一九八二年に刊行。ベストセラーとなった同書は一九八七年のNHK連続テレビ小説「チョッちゃん」としてドラマ化された。ドラマ化の話を受けた際、「私は、『ゴッドファーザー』を作ったフランシス・コッポラさんとお友達なので、監督はコッポラさんにお願いしてくださいね。それと、音楽は、コッポラさんのお父様が作曲家ですから、お父様にお願いしていただけますか？」と注文し、NHK局員をあわてさせたという。

自由に育てること、自由にふるまうということは、とても不自由なものですね。
小さな数々の希望や欲望（洋服の例でいえば、大切な服だもの、汚したり破いたりしないで、という願い）を捨ててはじめて、大きな自由、大きな幸せが与えられるのですから。

（黒柳朝『チョッちゃんが行くわよ』）

桐島章子

「チャラチャラ英語でお愛想言うくらいなら肥桶担いでるほうがいいわ」

桐島洋子の母

下町の病院の娘として生まれたモダンガール。若いころからスポーツ好きの美女として評判で、ラグビー界隈では「スタンドの女王」と呼ばれるほど。ラグビーが縁で三菱地所初代社長の跡取り息子である桐島竜太郎と出会い、結婚。華族の令嬢と結婚させたかった姑にいびられたが、舅の死をきっかけに夫は会社を辞め、章子と三人の子どもを連れて上海へ渡る。もともと画家志望だった夫は新聞社を作り、ヨーロッパから亡命してきた芸術家や日本の文化人を高級マンションでもてなす生活を楽しんだ。章子も華やかなサロンのホステスとして客を魅了する一方で、幼い洋子を連れて毎日のように音楽会やオペラ、バレエ鑑賞にいそしむ。

戦後、相続した財産を使い果たした一家は葉山の別荘に戻る。章子は病弱な夫に代わり、泥まみれになって庭を畑にし、働きに出て一家を養った。経済的に苦労しながらも、「お金のあるなしなんて、ちょっとした巡り合わせに過ぎないんだから、人間の価値とは関係ないのよ。卑しくさえなければいいの」と洋子には言い聞かせて育てた。その姿は、両親ともに大ファンだった『風と共に去りぬ』のスカーレットそのものだったと洋子は語る。斜陽族の奥様たちに進駐軍とのパーティに誘われても、「いやなこった。今更チャラチャラ英語でお愛想言うくらいなら肥桶担いでるほうがいいわ」と断り、畑づくりと養鶏に精を出した。

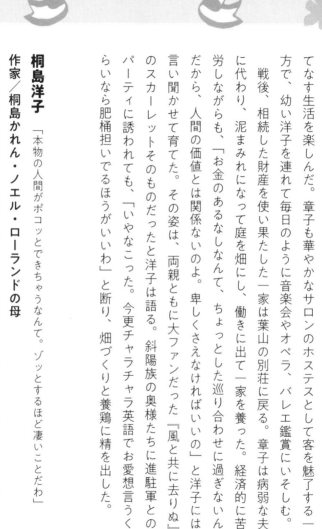

桐島洋子
「本物の人間がポコッとできちゃうなんて。ゾッとするほど凄いことだわ」

作家/桐島かれん・ノエル・ローランドの母

第二次世界大戦中に上海に渡り、裕福な家庭の末娘として何不自由なく暮らす。八歳で終戦を迎えてからは、葉山の荒れ果てた別荘で自給自足の耐乏生活。東京人としていじめられたため、両親の蔵書を読みふけり、雑誌「文藝春秋」をまねて「子ども春秋」を自作する内向的な小学生時代を過ごした。ジャーナリストに憧れ、高校卒業後に雑用係として文藝春秋新社（後の文藝春秋社）に就職。読者の手紙への返信などを担当するうち文才が認められ、念願の編集部に配属される。

日中は記者の仕事に励みながら、夜はアパートで高校時代の友人や外国人記者たちとパーティに明け暮れ、休日は乗馬にダイビング。軽井沢の別荘に馬を駆って原稿を取り立てに向かい、作家を驚かせたこともあった。「およそ若い女の子として考えうる限りの自由という自由をことごとく手に入れた」（桐島洋子『渚と澪と舵──わが愛の航海記』）生活にも飽きたころ、ふと隠し子を作ってみたいと考えた。

相手はダイバー界のカリスマだった米海軍の退役中佐。結婚退社の社内規定があったことから、家族にも会社にも妊娠を隠して何食わぬ顔で仕事を続け、出産予定日二か月前に病気と偽って海辺の借家にこもる。恋人と毎日泳ぎ暮らすうち、高波に巻き込まれて波打ち際にたたきつけられた衝撃で陣痛が起き、長女・かれんを出産した。そのまま乳児を千葉の里親に預け、産後わずか一週間で職場復帰する。

翌年、二人目を妊娠。二年続けて大病にかかるわけにもいかず、海外旅行という口実を思いつく。渡航費ぎりぎりの貯金しかなかったが、船の上なら医療費がかからないから問題なし。誤算は、船を予約してから会社に休暇願いを却下されてしまったこと。やむなく辞表を提出し、予定通りユーラシア大陸横断旅行の帰途で次女を船上出産。クリスマス生まれの次女はノエルと名付けられた。

「ほんとにおキリってどういうつもりなの。餓鬼なんてものができれば、自由が犠牲になることはわかりきってるのに。突然変異でやむにやまれぬ母性愛とかいうもののとりこになったのかと思ったら、子供が生れても母性愛なんてものは気配ほども顕れずケロッと知らん顔でほったらかしだし、一体なんのために作ったのよ」

「なんのためかしら。やっぱり自分のためかな。だって面白いじゃない。本物の人間がポコッとできちゃうなんて。ゾッとするほど凄いことだわ。そんな面白い不思議なことを、すればできるのにしないなんて、私には我慢できないわ」

（桐島洋子『渚と澪と舵――わが愛の航海記』）

会社を辞めても自由と独立を手放したくなかった洋子は、ノエルをかれんと同じ里親に預け、アメリカ輸送船の船長になった恋人とともに船に乗る。ところが恋人が船主とケンカし、戦時下のベトナムに二人で降ろされることになった。スリにあって役所で書類をそろえなおしたことをきっかけに、架空の雑誌の編集長による保証書などをでっちあげてプレスカードの取得に成功。恋人に護衛されながら、従軍記者として最前線でベトナム戦争を取材した。帰国してから妊娠に気づき、長男・ローランドを出産。

恋人と別れ、子どもたちの世話を引き受けてくれた里親も健康上の理由で引退し、三人の乳幼児の世話が一気にのしかかる。当時の日本に、シングルマザーがジャーナリストとして生きる道は皆無に等しかった。日本で絶望するよりはマシと、アメリカで仕事を探すことを決意する。ローランドを愛育医院、ノエルを母に預け、三歳のかれんだけを連れてアメリカへ。現地で知り合った家庭にかれんを預け、放浪の旅を続ける。心が弱っていた矢先に富豪に求婚され、子どもたちを呼び寄せて結婚寸前までいくも、離婚時は子どもを置いていく契約を結ばせようとしたためすんでのところで逃げ出した。安アパートを借りて、家族四人暮らしを始める。生計を立てる道は苦手な翻訳だけ。翻訳より自分の文章を書きたいという気持ちが募り、子どもたちへの遺書のつもりでこれまでの冒険を記録した自伝エッセイを執筆する。

初の書籍刊行後、日本の読者から美しい文章を称える手紙が届く。やはり自分の勝負の場は日本語しかないとふんぎりがついた洋子は、帰国を決意。長子であるかれんは五歳になっていた。

帰国当初は子どもたちをお手伝いに預けてPR会社に就職したが、お手伝いが突然やめたため仕事と育児の両立がかなわず、やむなく退職。子どもたちを連日公園やプールに連れ出しながら執筆した第二作『淋しいアメリカ人』で、大宅壮一ノンフィクション賞を受賞。一九七六年刊行の『聡明な女は料理がうまい』がベストセラーになり、まとまった印税が入ってきたことから、一年間休暇をとって子どもたちをつれてアメリカの別荘地イースト・ハンプトンに移住する。子どもたちはそれぞれ小学六年生、五年生、二年生。これまで放任していた子どもたちの生活能力と日本語能力を叩きなおすための休暇だった。忙しい母に初めてじっくりかまってもらったこともあって、子どもたちは大自然と自由で楽しいアメリカの学校生活を堪能し、一年経っても子どもだけで夏まで残ると言ってきかなかった。洋子は子どもたちが自分で見つけてきたシッターに世話を頼み、単身帰国する。年下の男性との結婚をきっかけに勃発した子どもたちの激しい反抗期を経て、末子の高校卒業を待って一家で世界をめぐる「親子生活卒業旅行」を敢行。〝卒母〟を果たした。

大胆な発想と決断の連続だった嵐のような遊牧生活に巻き込まれて、僕たちもけっこう大変だったが、そのぶん面白かったし、鍛えられたし、悪くない育ち方をしたと感謝している。

（桐島ローランド「あとがき」『マザー・グースと三匹の子豚たち』所収）

子供と自由、あるいは好奇心と恐怖心という、両立しうべからざるものをしゃにむに両立させようと決心しているのだから、私の人生が乱暴に揺れ動くのは仕方のないことで、私はその運命に喜んで従っています。

ゾエもノエルもローリーも、どうせ巻添えをくったからには、喜んで巻添えになっていてごらんなさい。必ず面白いことがたくさんある筈です。私はともかくやたらと人生が好きだし、これは生きるに価する代物だと思っています。あなた達もきっと好きになると思います。

（桐島洋子『渚と澪と舵―わが愛の航海記』）

小池恵美子 「人と同じじゃつまらない」

小池百合子の母

兵庫県・赤穂の塩田地主だった小川家に生まれる。父親は放蕩の挙句に若死にし、恵美子は残された母の苦労を見て育った。戦時中に青春時代を送り、実業家の小池勇二郎と結婚。事業そっちのけで政治活動に熱を上げる夫に振り回されながら、一男一女を育てる。

夫が石原慎太郎に入れ込んでからは、石原慎太郎を応援するアンチ学生運動派の学生たちや保守系言論人が始終家に出入りするようになり、家庭はますますカオスに。それでも恵美子は文句を言うことなく彼らに料理をふるまい、夫の政治活動を支えた。夫が選挙に出馬したときは、一家心中も覚悟した。専業主婦であることは、なんと不安定なのか。つねに危機感とともにあった恵美子は、小学生の百合子にはこう言い聞かせた。「結婚を人生の目的にしちゃダメ。夫がいつ交通事故であの世に行くかわからないでしょう。いつでも自分の足で歩けるようにしておきなさい」。

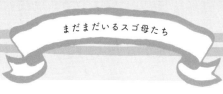

戦争と結婚生活で夢や希望を果たせなかったぶん、二人の子どもたちには個性的であってもらいたいと考えた。口癖は「人と同じじゃつまらない」。外国の雑誌を参考に手作りしたおしゃれな子ども服を着せ、人と違っていることに誇りを持たせた。特に娘には、自由に生きてほしいという願いを託した。「女性が何でも好きなことができる今みたいな時代に、何もしないでいるのは罪よ」。

百合子がすでに熟練者がたくさんいる英語通訳をあきらめ、アラビア語通訳を目指してエジプトで学ぶ決意を伝えたときも、「あら、いいチョイスだわ」と大賛成。百合子は日本の大学を中退し、エジプトのカイロ大学に留学する。留学中の娘に会いに訪れた恵美子は突然、「百合ちゃん、私ね、カイロで日本料理店を開こうかと思うんだけど」と打ち明けた。百合子に案内されたカイロ唯一の日本料理店で、すき焼きにキャベツではなく白菜が使われていたことが気に入らなかったのだ。「これまでやりたいことがあっても何もできなかったんだもの。これからは好きなことをやらせてちょうだい」。恵美子は本気だった。

ずっと専業主婦で英語もアラビア語もわからない母が、海外で飲食店を経営するなんて無理に決まってる。家族の猛反対にも、「あら、そんなの、やってみなくちゃわからないでしょ」と決意は揺らがなかった。

エジプト人に本物のすき焼きを提供したい一心で、一年後に日本料理店「なにわ」をオープン。事業に失敗した夫も合流し、銀行や税関との交渉に奔走して経営を助けた。日本に帰ってきた娘を置いて、夫婦はカイロで「なにわ」の営業を二〇年間続けた。

樹木希林 「食べることだけしっかりきちんとさせて、世間に育ててもらえばいい」

女優／内田也哉子の母

昭和一八年（一九四三）、横浜の野毛で大衆酒場を切り盛りする母と琵琶奏者の父のもとに生まれる。小学四年生まで続いた夜尿症の影響もあって、少女時代はほとんど口をきかず、代わりに周囲の人間を観察して過ごした。女学校卒業後、人の話をよく聞く耳の良さが買われ、文学座の試験に受かって役者の道へ。ドラマ『時間ですよ』の収録中、撮影をのぞきに来たロックミュージシャンの内田裕也に出会って意気投合。本籍がどこにあるのかわからないという内田裕也の戸籍をきっちり探し出し、結婚に持ち込む。三一歳でドラマ『寺内貫太郎一家』のきんバアさん役を演じ、お茶の間の人気者になる。

内田裕也との子を身ごもるが、「あまりにも喧嘩が激しくて包丁が何度も欠けるような日々」（「内田也哉子が語る〝内田家〟と母・樹木希林との最期」）に疲れ、出産直前に別居を決意。マンションを用意し、夫に「どうか出て行ってください」とカギを渡し、以来四〇年以上にも及ぶ別居婚が始まる。一九七六年、一人娘の也哉子を出産。也哉子曰く、幼いころのしつけは「本当に過激」。囲炉裏にかけてあったヤカンに幼い娘が手を近づけると、母はいきなりその手をつかみ、一瞬だけヤカンにつけた。「ギャッ」と叫ぶ娘に、「熱いでしょう。これで一生、気をつけるわよね」。幼稚園のころから包丁も使わせ、娘が手を切っても動じなかった。

娘の幼稚園入園を前に、一方的に離婚届を出した夫に裁判を起こし、マスコミが自宅に押し掛ける騒動に発展。騒ぎの余波で、也哉子は近所の幼稚園への入園を断られてしまう。やむなく幼稚園から小学校までインターナショナルスクールに通うことになった。也哉子は破天荒の極みである両親を見て「ああはなりたくない」と中庸を心掛け、両親のことは学校では絶対に明かさなかった。

生活はいたって質素で、子どもの食事も鉄釜で炊いた玄米とみそ汁に魚料理と漬物だけ。おもちゃも服も買い与えず、親子の買い物といえば自然食のスーパーに行くぐらい。小学校時代にかわいい文具の交換が流行ったときも、也哉子はその仲間に入れず、キャラクター文具を許さない母を恨んだ。服も大人のおさがりばかりだから、サイズの合った服がない。知り合いの女優からもらった服を首詰めしたり肩上げしたりして着せていたため、仕事場に娘を連れて行くと、「おたくの娘さんさあ、何だか変わった着こなししてるね」と言われることもあったという。初めて娘に服を買ったのは、中学入学祝いのとき。たまたま通りがかったヨウジ・ヤマモトのショップでほしがった服をすべて購入し、家が貧乏だと思い込んでいた娘を驚かせた。

育児のモットーは「食べることだけしっかりきちんとさせとけばいい」「あとは勝手に世間が育ててくれる」。母娘二人暮らしの育児にも周囲を巻き込んだ。自宅の一階に芸能事務所をかまえていたこともあり、「スタッフの人たちに宿題を見てもらったり、なんやかやで本当に手を掛けてもらったの。だから、自分一人で育てたっていう感覚がまったくなくて、みんなの手を借りて育ったんだなぁっていうことなんですよ」（『この世を生き切る醍醐味』）。おかげで娘は、母が愚痴るところを見ることなく育った。

離れて暮らしていても夫への愛情は深く、つねに夫を立てた。娘夫婦の結婚の際も、「内田家を存続させたいから、結婚するなら婿に入っていただけませんか」

と娘婿である本木雅弘に依頼するほど。結婚式の招待客も、内田裕也の知り合いが大半を占めた。

晩年、全身をがんに侵されてからは「家族に、自分の死んでいく姿を見せたい」と考え、死の前日に退院して自宅に戻る。イギリスから帰国していた娘の家族に見守られながら、息を引き取った。

（……）誤算があったっていえば、「産みゃあ何かが変わるんだろ」と思ってたけど、「産む」だけじゃ変わりゃしなかったってことかな、あの無意識のエゴイストと、どうつきあっていくかってことからしか「何か」はめっからないんだもの。めっけるっていえば、このわたしが、よそのエゴイストをも受けとめられるようになったのね、これはめっけもんだと思うのね。子供産んで、女優がつまんなくなるんだとしたら、私には、最初っから、その程度の才能しかなかったんだろうと思ってるんだ。

（毎日新聞社『サンデー毎日』一九七七年八月二一日号）

スゴ母 9

養老静江

恋とワガママを貫いた養老孟司の母

「グレートマザーって、どういう意味でつけてるか知らないけど、悪い意味ですよ」

著名人の母の偉大さを称えるノンフィクション番組『グレートマザー物語』（テレビ朝日系）に出演した際、のっけからタイトル丸ごと否定してみせたのが解剖学者・養老孟司氏だった。

「子どもをどこまでいっても自分の掌《てのひら》の上に置いておこうとするんです。もともとグレートマザーって、そういうものですよ。子どもが独立していくのには極めて恐ろしい存在ですよね。独立しようと思っても相手が先回りして待っている。それは子どもの自立を妨げるんです」

養老孟司氏の母・養老静江の生きざまは、息子が立派になるように尽くす「偉人の母」というイメージからは、かなり隔たっている。

明治に生まれ、女医の草分けとして小児科医院を女手一つで切り盛りし、九四歳まで現役で患者を診《み》続けた。いわば本人が偉人のような存在だ。同時に、弁護士夫人として二児をもうけながら一〇歳近く年下の男との大恋愛の末に離婚・再婚するという「恋に生きる女」でもあった。八〇歳を過ぎた息子に「いくつになっても壁でした」と語られる養老静江は、良くも悪くもグレートマザーそのものだった。

小学生にして「生きる意味」を考える

養老静江は明治三二年、神奈川県の津久井渓谷の一角にあった山村で生まれる。

母方の祖母は初孫の静江をこのうえなくかわいがり、静江の妹が生まれたことをきっかけに自分の家に連れて帰ってしまった。以来三年間、大勢の使用人がいる裕福な家庭でたっぷり甘やかされて育つ。しびれを切らした母に自宅に連れ戻される頃には、とんでもないおてんば娘に成長していた。他の家族から恐れられている父親も、ものおじせずぽんぽん意見を言う静江の反抗だけはなぜか許したという。

農業を営む自宅に戻っても山や谷を駆け回り、川で魚をとり、自然児として自由に過ごす。小学校にあがると、家の手伝いをする妹をよそに少女雑誌を隠れて読みふけった。家中が茶摘みで忙しく立ち働いていたある日、静江は例によってサボって抜け出し、野の花が風にゆれる草原に寝ころんだ。風が菜の花の香りを運んでくる。大空をながめながら、ふと考えた。

「生きるってどういうことだろう」

あたしがいなくなると、この空も何もかもみんななくなっちゃう。そうしたら、あたしはあたしだけをかわいがって、自分を生かしていくことが生きることだって思ったのね。

(田嶋陽子『女の大老境』)

万物は自分の心次第。それなら心のままに生きていこう。その決意がのちの人生の波乱を招くとは、もちろん知る由もなかった。

女医に憧れ、医学校へ

高等小学校を卒業した静江は、父の命でひとり村を離れ、横浜の県立高女に入学して勉強に励んだ。

女学校を卒業した当時の女性の生きる道は大きく分けてふたつ。親族に良縁をみつくろってもらって結婚するか、高等師範に進んで先生になるか。

偉い人とお説教が大嫌いな静江は、お嫁に行くのは無論のこと、師範もいやだと思った。当時、女子への修身教育を説く下田歌子をはじめ、教育界を中心に社会進出する女性がちらほら登場していたが、説教くさくて誰のことも好きになれなかった。唯一憧れたのは、女医の吉岡彌生先生。仕事に打ち込みながらもおしゃれで、優しい夫に甘える姿が女性らしくてすてき。

大正七年、静江は吉岡彌生が創設した東京女子医学専門学校に入学する。猛勉強に励む中で、再婚相手を求める財閥社長とお見合いする機会があった。

おともに現れたのは、校外の学習会で会ったことのある青年弁護士。年齢と育ちが違いすぎて社長とはソリが合わなかったが、青年弁護士とは大いに話が弾んだ。大正一一年に医師免許を取得した静江は、翌年から東京帝国大学医学部小児科の医局に研究生として入局することができた。いきなりのエリートコース。縁談を持ってきたやり手弁護士が手を回してくれたおかげだった。

帝大教授といえば当時も相当な権威だが、権威を恐れる心を知らずに育った静江は、周囲が教授を怖がる気持ちが理解できなかった。

ものおじせずに雑用も往診も夜勤もこなす態度が気に入られたのか、あちこちの教授にかわいがられ、怖い婦長とも親しくなれた。面白くないのは、日頃教授に厳しくあたられているベテラン看護師たちだ。静江はことあるごとにいびられ、何度も隠れて涙することになった。

関東大震災が起きたのも、静江が働き始めた年である。朝鮮人が集団に虐殺される姿を目のあたりにしたショックに浸る間もなく、多くの焼死体に囲まれながら寝ずに負傷者の救護にあたらねばならなかった。のちに知人が朝鮮人と間違われて殺されたことを知る。新人研究生の心身を痛めたのはこのことだけではなかった。青年弁護士から突然求婚されたのだ。信頼していた相手だが、静江にとっては妻子持ちの良き相談相手でしかない。疲れ切った静江は一か月の休みを取り、故郷に帰る。

首吊り自殺を考えるほどに悩んでいたというのに、実家では青年弁護士が先回りして両親の信頼を勝ち取っていた。もはや逃げ場なし。最初は強引すぎて気持ちが動かなかった静江も、金と地位とリーダーシップを兼ね備えた当時三五歳の弁護士のエネルギーに飲み込まれるように結婚を承諾する。大正一四年の春、二五歳の結婚だった。

愛のないセレブ生活

弁護士夫人としての暮らしは、医局での目まぐるしい生活とは一八〇度違っていた。炊事も掃除もお手伝いさんがすべてやってくれる。「しばらくは僕と一緒にいてくれ」という夫の言葉に従い、依頼人の相談に同席したり、宴席に同伴して社交したり、出張についていったりした。夫はときに裁判の話を聞かせて、自由なコメントをする静江を面白がった。付き合う相手は上流階級ばかり。サインひとつで何でも買える。農村育ちの静江からすれば、まるで別世界のような有閑マダム生活が始まった。

一男一女を授かり、何不自由ない暮らし。それでも医者の血は騒ぐ。当時、産婦は一週間おかゆで過ごし、三週間たっぷり産院に入院するのが普通だった。帰宅したら家事に追われざるをえないお嫁さんの命を守るための措置だったのだろう。

しかし静江は最初の出産で医大で教えられた早期の床上げと栄養補給を試すことにした。出産三日目に天ぷら、五日目に看護師を連れて外食。みつ豆まで食べて帰る静江に院長は眉をひそめたが、栄養をたっぷりとったおかげで体調も母乳の出も快調。赤ちゃんもよく眠り、西洋医学の正しさを身をもって知ることになった。

一方、夫は子育てに忙しい静江を自分の仕事の用で遠慮なく呼び出し、要求に応じられないと機嫌が悪くなった。

夫婦げんかで夫が外に飛び出そうが、女遊びをしようが、もとより恋愛感情がないからヤキモチも焼けない。家のことで悩むよりは、せっかく取得した資格を生かして外で働きたい。夫に相談すると、病院勤務はダメだが夫の知り合いが園長を務める児童福祉施設「マハヤナ学園」のボランティア校医ならいいと許可が出た。夫にしてみれば、寄付金代わりに妻を貸すような形だ。

無報酬であっても、母子寮の母子から近所の長屋まで、貧しい人たちの病気を治すために飛び回るのは楽しかった。初めて医師としての醍醐味を覚えたのもこのときだった。休みの日には生徒たちを連れて映画を観に行き、激しい体罰を受けている不良少年になべ焼きうどんをごちそうする。人の役に立つことで、愛のないセレブ生活で病んだ精神がみるみる息を吹き返すのが自分でもわかった。

夫のほうは、金を惜しまず一流を味わわせてやったのに、まったく異なる世界で生き生きとする妻の姿が面白くない。夫婦の溝は深まる一方だった。

美しい眼をもった青年との出会い

そんなとき出会ったのが、当時一高生だった養老文雄だった。弁護士事務所の従業員の誘いで観戦したボートレースの一高対三高戦。応援する静江たちのほうに、一高のボート部のマネージャーが手を振る。夫との不仲でうつうつとしていた静江の目に、白い歯を見せて笑う好青年がまぶしく映った。後日、その青年がアルバイトとして事務所に出入りするようになる。静江は「すきのない容貌と美しい眼をもった青年」をお茶に誘ってみたが、どうしても乗ってこない。夫の事務所で自分の言いなりにならない従業員はほかにいないというのに。

生意気で、あいつだけあたしの言うことを聞かないの。だから気になってしょうがないじゃないの。おかしなもんだねえ。

（田嶋陽子『女の大老境』）

キャンディーズ「年下の男の子」の世界だ。事務所でたまたまふたりきりになったときに、文雄が発した痛烈な言葉が決定打になった。

「僕はあなたの結婚には反対です。本当じゃないでしょ。あなたは本当に生きていらっしゃらない」

まっすぐな青年に、自身の生活が虚栄にすぎないことを見抜かれた静江は、その一言で恋に落ちてしまう。だが、文雄は帝大入学を前に事務所を去った。迷ったものの、人生初の激しい恋心をどうしていいかわからず、静江はひたすら返事のこない手紙を送り続けた。四年ほどたって、文雄が突然訪れてくる。来春帝大を卒業して就職するという挨拶だった。

「おひとりになって、あなたらしく生きて欲しいのです」

離婚して、医師としてひとりで立とう。夫は拒んだものの、静江の意志は固かった。文雄は婚約者がいる身でありながら、静江の父母を説得し、離婚する段取りをつけてくれた。子どもふたりを連れて実家に帰った静江は、子どもたちの面倒を両親や妹に任せ、早朝から深夜まで勤務医として働き詰めの生活を始めた。幸い都会っ子の子どもたちはのびのびと自然を満喫し、地域になじんだ。唯一の楽しみは文雄との逢瀬。しかし婚約者のいる年下の男性に、バツイチ子持ちの自分がいつまでもまとわりついていては彼の人生をダメにしてしまう。文雄のことは心の中で思い続けていればいい。静江は思い切って別れの言葉を口にした。もう逢うのはよしましょう。ええ、貴女も体に気をつけて。

離婚から二年以上経った昭和一〇年の春、地元で開業した静江が往診から帰ってくると、文雄が居間で待っていた。

「大事なお願いに来ました。僕と結婚してください」

商社マンになっていた文雄は婚約を解消し、親族会議を乗り越え、結婚する準備を万端整えてきたのだった。一年後、七年越しの恋を実らせ、ふたりは結婚。静江は三七歳、養老文雄は二八歳になっていた。子どもたちを両親のもとに残し、鎌倉で文雄とふたりきりの新しい生活が始まった。

「あなたはいつから私のことが好きになったの」

「初めて逢ったときから」

二歳まで歩かず、泣きも笑いもしない子

ほどなくして、静江は文雄の子どもを身ごもる。生まれた子どもは孟司と名付けられた。忙しく働く文雄も、帰宅するや赤ちゃんをお風呂に入れてかわいがる。昭和一三年春、心身ともに落ち着いた静江は小児科医として、ゆるく仕事を再開した。長女は鎌倉の家から女学校に通うようになり、東京の中学に通っていた長男も、週末に顔を出しては父親の違う弟を「タケシ、タケシ、頭はデカシ」といじってかわいがった。静江の人生の中で、も

っとも平穏で満ち足りた日々。
気がかりもなくはなかった。上の子どもたちは発育がよかったのに、次男は二歳近くになるまで歩かず、泣きも笑いもせず、言葉も遅かった。心配のあまり、知能検査に連れて行ったこともあった。
外向的な母には、内向的な息子のことが理解できなかったのである。静江は看護師と一緒に発達の遅れを直そうと懸命に努力した。救いは、気に入ったものを見つけると両眼を開いて輝かせるところだった。

「だいたい『無口すぎる』って、おふくろがずっとしゃべってるから、こちらが黙って聞いてるんですがね」

（朝日新聞二〇一五年九月一六日「（人生の贈りもの）わたしの半生　解剖学者・養老孟司：3　77歳」）

もっと心配なのは、夫の体調だった。戦時色が濃くなる中、商社で軍の重要物資を扱う夫の仕事は多忙をきわめた。静江がいくら止めても、「赤紙で戦地に行ったら最期だったのに、好きな仕事が充分出来てよかったよ」と笑って激務を続ける夫。妻の立場ではどうしようもなかった。六月末、文雄はついに結核で倒れる。

療養生活が一年あまり過ぎた秋晴れの日、ベッドに横たわっていた文雄が髪をかわかす妻を手招きして呼び寄せた。文雄の片手に頬を寄せる静江に、文雄は「君の髪、麦の香りがする」とつぶやく。「とてもきれいだよ。パーマをかけたり切ったりしないほうがいい」「ええそうするわ」。ふと、ふたりから同じ言葉が口をついてもれた。

「かわいそうに」

「かわいそう」

驚いたふたりはあわてて互いの言葉を打ち消したが、文雄の容態が急変し、帰らぬ人となったのはそれから間もなくのことだった。「僕は良い人間だから早く逝く。君はわがままな人間だから、なかなか死ぬことはできないよ。それを『業』というんだ」という言葉を残して。享年三三。わずか五年間の結婚生活だった。

自宅が「左翼のアジト」に

当時四二歳だった静江は悲しみにくれるひまもなく、家計を支えるために仕事に専念した。男性医師までもが戦地に駆り出される時代、仕事はいくらでもあった。戦争が終わっても女手ひとつで子ども三人を養う静江は忙しく、子どもたちの世話まで手が回らない。

診療、往診、夜のおつきあい。育児以前の問題として、いつ家にいるのだかわからないくらいだった。夜中の往診も多く、朝はだいたい寝ていたから、朝食作りは長女の仕事だった。

静江が留守がちにしている間に、戦後民主主義が子どもたちを直撃していた。長男と長女が、いきなりこう宣言したのである。

「これからは、我が家も民主主義でいきましょう」

「どういうこと？　私のことは母親とは思わないということ？」

「これからは〝許可制〟ではなく、すべて〝報告制〟にしますからね」

よくわからないが、自分だって勝手に生きてきたのだから、子どもだって勝手にすればいい。生まれ変わったつもりで子どものやりかたに従ってみよう。進学も就職も、そして結婚も。子どもたちは事後承諾で勝手に決めていくことになった。

民主主義はともかく、自宅を左翼のアジトにされたのには閉口した。早稲田大学文学部に進学した長男が共産党員となり、さらに長女がその仲間のひとりと恋仲になったおかげで、思想仲間たちが静江の家をたまり場にするようになったのだ。

静江が朝起きて二階から降りてくると、一階では徹夜で議論していた若者がゴロゴロしている。早稲田大学の学生たちが警察署の表札を外して持ち帰ってきたときは、あやうく警察のがさ入れを受けそうになった。看護師に文句を言っても、彼女たちもすっかり民主主義になじんでる。しょうがないから若者たちにまじって一緒に遊ぶことにした。彼らが家で歌を歌っていたら一緒に歌い、

「おばさん、アレ、お願いします」

とリクエストされたら結《ゆ》った黒髪をふりほどいて四谷怪談のお岩のモノまねをする。亡夫との約束でパーマもかけずに伸ばした髪が役に立った。文雄もそんなつもりで言ったのではないと思うが。

息子はひとりで昆虫に熱中

親はいないわ不良学生はたむろしているわ、小学生にとって好ましいとはいえない家庭環境である。しかし虫に夢中だった養老孟司氏は、さほど気にならなかったという。

母は急患で家をあけることがよくありました。学校から家に帰ると、留守宅に知らない男（おそらく兄の仲間）がいることもありました。それでもおかまいなく、ぼくはひとりで百科事典を読んだり、虫とり網を持って外へ行き、虫をつかまえては瓶《びん》に

入れてながめたりしていました。

遊んでもらえなくてさびしいということは、まったくありません。どういうわけか遊ぶということはひとりでするものだと思っていましたから。さびしいという感覚がどういうものかすらわかりませんでした。


（NHK「わたしが子どもだったころ」制作グループ『わたしが子どもだったころ二!』）


玄関先にしゃがんで、犬のフンについているセンチコガネを飽きずにじっと見ているような子どもだった孟司氏を、静江は、「へんな子だね」「機嫌が悪いんじゃないの」「愛想が悪い」としょっちゅうダメ出ししたが、虫は「母の外」であるがゆえに本気になれるものだったと氏は語っている。

静江は口癖のように「お父さんはお前よりよほど偉かった」と孟司氏と亡き夫を比べていた。頭脳明晰で人柄に優れ、一途に妻を愛した文雄は、三三歳の美貌のまま静江の中で生き続けていたのだった。そのたったひとりの忘れ形見が孟司氏なのだから、愛情も期待もひとしおだ。

だが、そんな完璧超人の面影をつねに求められるのは子どもには荷が重い。だいたい母親にしてからが、どんなに自由奔放にふるまっても愛されてしまうというリア充の極みのような存在なのだ。着物姿に割烹着で診療し、ときには手の施しようのないとされた幼児を寝ずにおんぶして回復させることもあった静江は、お母さんのような小児科医として地域の子どもたちに慕われていた。

とことん外向的で人好きのする母に理解されないことで、少年時代の孟司氏は「オレは変わり者なんだ」と思い込み、ますます自分の殻に閉じこもった。虫の世界に逃げ込みたくなるのもわかるような気がする。人気小児科医として忙しく働くおかげで、我が子にかまうひまがあまりなかったのは、ある意味では幸いだったのかもしれない。

ある晩、兄の仲間たちが騒いでいる部屋の隣で孟司氏が虫の標本を作っていると、帰ってきた母が例によって、「たけし、たまには勉強もしなさいよ。口はきかない、あいさつはしない、虫にしか興味がない、ないないづくしのたけしくん」といじり倒してきた。

「でも、好きなことに熱中するのは悪くないよ。あんたもわたしの子だからね」

本題はここからだった。

静江は虫のことで頭がいっぱいの息子を思い、昆虫の研究をしている先生を知人から紹介してもらっていたのである。母さんは忙しいからついていけないけど、ひとりで東京の先生のところまで電車に乗っていける？　ひとりで電車に乗ったことはなくても、小学生は「自分で行く」と即答した。次の日の朝、枕もとに先生の住所とお金が置いてあった。

手はかけないし、内向的な息子の気持ちはわからないけど、子どもの好きなことなら応援する、静江なりの愛し方だった。

子どもの前に立ちはだかる「母の壁」

「自分を大事にして、自分の考えで行動しなさい」

静江が子どもたちに口を酸っぱくして言っていたことだ。

「だけどそれはねえ子どものほうにも言い分があってね。いくら自分の考えでやれと言っても、母親が賛成か反対か見えちゃうんですよ。そうすると母親が反対するようなことはしない」（養老孟司氏）

（テレビ朝日系『グレートマザー物語』）

昆虫が好きでも昆虫学者ではなく、東京大学医学部に入学して医者を目指したのは、「何か技術を身に付けなさい」という母の期待に寄り添った選択だった。

家業を継げと言われたことはなかったが、震災も戦災も夫の死も乗り越えた母を見れば、医者がいいのは自明だった。こうして孟司氏は大学卒業後、東京大学医学附属病院で勤務を始める。ところがそこで医療事故を三回経験してしまう。自分のミスで患者が死ぬなんて、とても耐えられない。母に相談したが、帰ってきた答えは「白髪にならなければ本物の医者になれないよ」。グレートすぎてとてもかなわない。

母の壁にぶち当たった息子は、異なる道を選ぶことにした。死体を相手にする解剖医だ。その後の活躍は、広く知られるとおりである。

おとなしく母の意向に従った次男に対し、長女は静江と激しくやりあうこともあったようだ。

「激怒した姉貴が包丁もっておふくろを追いかけて、街を一回りして帰ってきたことだってあったんですよ。うちはその時、警察署の近くでね。逃げる母親を包丁もった娘が追いかけて、2人で警察の前通ってから帰ってきたという（笑い）」。

（朝日新聞二〇一五年九月一七日「（人生の贈りもの）わたしの半生　解剖学者・養老孟司：4　77歳）

何があったか知らないが、一般的な母娘の確執とは一線を画するアグレッシブさである。

孟司氏は自分の初婚が遅れたのは、このふたりによってはぐくまれた女性恐怖によるものだと語っている。ここでも母の壁。

ちなみに長女は専門学校を卒業した後演劇グループに入り、女優を志すかと思いきや、兄の仲間のひとりだった東大卒の経済学者と結婚。娘ふたりを産んだあとは、母の逆を行くかのように「過保護な教育ママ」になったそうだ。長女も長女なりに、そびえたつ母の壁を乗り越えようと、弟とは異なる形で悪戦苦闘したのだろう。

静江が九〇歳で膠原病に倒れた際も、長女は入院を勧めたが、本人が拒んだため入院は見送られた。一年後に静江が奇跡的に回復するや、長女はこう言い放ったという。

「ほら、御覧なさい。あの時、入院させておけば、今ごろは死んでいるのに」

まだ母娘バトル続いてたの？

田嶋陽子が涙しかけた言葉

左翼運動に熱中しすぎた長男は、大学に七年在籍して四単位しかとらずに退学するという放蕩をつくす。しかし倒れてから体の自由がきかなくなった静江と同居し、世話をしたのも長男だった。

かつて静江に助けられた元患者や近所の人たちも、静江宅を訪れてふたりの炊事や洗濯の面倒をみたという。

その後も静江は周囲の助けを得ながら一九九五年に九五歳で亡くなる直前まで診療を続け、雑誌で自伝を連載した。九〇歳を過ぎてから出版した自伝の中で我が子以上に熱を込めて書かれたのは、「片時も脳裏を離れない」「この世の誰よりも愛した人」文雄の思い出だった。

亡くなる前年、歯に衣着せぬフェミニストとしてテレビで勇名をはせていた田嶋陽子氏が、静江を訪ねて対談している。

ベッドにひとりであがることもできないほど体は衰弱していたが、それでも静江は、

「主人のそばにいるだけでいいんだよ。いっしょにいると溶けていくの」

「私が言うのもおかしいけど、まあ、めったにない人よ」

と、恋愛まっただなかの乙女のように亡夫のことをのろけてみせた。そして変人扱いされるという田嶋氏を、こう励ました。

そう。あんたも、かっこ悪いほうじゃないよ。だんだん、あんたもかっこよくなるよ。だからさ、お互いわがまま同士仲良くしようや。

（田嶋陽子『女の大老境』）

説教するのでも世辞をいうのでもなく、同志としてぶっきらぼうに相手を肯定する言葉に、百戦錬磨の田嶋氏も涙しそうになったという。やはり、すべてを包み込むグレートマザーだ。

スゴ母⑩

山村美紗

ミステリー界の女王の
不器用な愛情

おそらくテレビで一番ネタにされている〝スゴ母〟は、ミステリー作家の故・山村美紗ではないだろうか。

長者番付の常連だったベストセラー作家にして、日本舞踊は花柳の名取、華道は池坊准華監、加えて茶道の師範免状と車のA級ライセンスを持つ華やかな「トリックの女王」。くるんくるんくるんのパーマにピンクのドレスというアー写からも、そのベタな女王らしさが伝わってくる。自作の映像化の条件として長女の山村紅葉の出演を要求したという親バカエピソードも、つとに知られるところだ。どう話しても面白く転がる要素しかない。そういうわけで、母の思い出を語る山村紅葉は、トークバラエティで引っ張りだこだ。「気にいった料亭をまるごと買い取って自宅にリノベ」「暗証番号を入力しないと突破できない扉を自宅のあちこちに設置」「娘の服に盗聴器を仕掛けて男の子とのキスを阻止」「誘拐に備えて幼い娘たちに暗号をレクチャー」「ミステリーのトリックに使えると家電を買いすぎて月の電気代が二〇万円」「電話の転送トリックで門限破りをする娘のウソを推理で見破る」等々、これまで披露されたバブリー&ミステリーなエピソードは枚挙にいとまがない。だが、鉄板ネタで笑いを取る山村紅葉に、どこか苦労人という風情があるのが気になった。母の遺産とコネで何不自由なく暮らすお嬢様女優という、コミカルなキャラで登場しているはずなのに。

乱歩・谷崎……大人の本を読破する少女

山村美紗は、法律学者だった父が朝鮮総督府の京城法学専門学校の校長に任じられた関係で、終戦まで日本統治下の朝鮮・京城（現在のソウル）で過ごしている。

読書好きな父に国内外の童話や漫画をふんだんに買い与えられたが、日本の童話はストーリーが単純で、善悪がはっきりしていて、最後に教訓があるのがつまらないと感じ、もっぱら外国の童話を好んだ。ところが家に来た友達が忘れていった『怪人二十面相』を読んで以来、江戸川乱歩の少年ものに病みつきになった。謎、どんでん返し、トリック、ぜんぶ最高。江戸川乱歩をすべて読むと、二階のすべての壁面に備え付けられた本棚にある父の蔵書から、谷崎潤一郎や吉川英治といった大人の本を次々に読破していった。

読むだけでなく、かわいがっていた弟に小説を要約して語り聞かせるのも得意だった。しかし当時から怪奇趣味だった美紗のセレクトは、幼い弟には刺激が強かったらしい。エドガー・アラン・ポー「早すぎた埋葬」を聞かされた弟はその恐怖が生涯忘れられず、大学教授になってからも家族に死後三週間は埋葬しないでほしいと頼んでいたという。ポーの読み聞かせ、超危険。

小学校をトップクラスの成績で卒業した美紗は、女学校に進学後、敗戦を迎える。すぐに引き揚げればよかったのだが、まじめな父が現地人にしっかり引継ぎしようと考えたため、その間家族は道端に座って父の本や家財を売って食いつなぐはめになった。一二月にようやく引継ぎが終わって帰国するころには、一家は全財産を失っていた。

楽しみは「天井を眺めながら数学の問題を解く」こと

日本に引き揚げてからは、裕福な生活からは一転、食べるものにも事欠く暮らし。戦時中に学徒動員で雲母剥ぎの工場で働いていた美紗は、栄養失調も重なって気管支喘息で寝つくことが多くなった。

ほとんど学校に行けないときの楽しみは、天井を眺めながら数学の問題を解くこと。補助線を一本ひくと難問が一気に解決する幾何の問題が、なにより好きだった。美紗から勉強を教わった弟がのちに語ったところによれば、幾何も解析も定理や公式の証明から始めようとするので閉口したという。

もうひとつの楽しみは、もちろん読書。父の蔵書は失われていたから、学校から帰ってきた弟に貸本屋へのお使いを頼むのが日課になった。近所のお姉さんの家の蔵の中で江戸川乱歩作品に再会してからは、再び乱歩の幻想世界にどっぷり漬かるようになった。封建的な社会が疎ましかった美紗にとって、自由で面白くて幻想的な乱歩ワールドは、かっこうの逃避場所だった。

高校生になって、ようやく父が母校の京都大学に呼び戻される。生活は落ち着いたものの、病状は相変わらずだった。家族みんなが京都で新しい友人を作っていくなかで、美紗はますます孤独を深めていく。

発作がひどい時期は横になっても寝られず、幾何の問題を解くことも本を読むこともできなかった。そんなときは座ったまま目をつぶり、「王が果物を持ってくるのを待つ胸を病んだ楊貴妃」「アフリカで猛獣狩りをしている女性探検家」などになりきってストーリーを膨らませることに没頭した。少し体調がよくなってきたら、幾何の問題を解く。病気になってから何事にも自信が持てずにいた美紗にとって、かつての自尊心を保てるのは、数学の問題が解けたときだけだった。

どうにか体調を回復し、大学を卒業した美紗は、中学の国語教師になった。一九五七年に同僚教師と結婚し、一九六〇年に長女・紅葉を出産。中学教師だった母の姿で紅葉が覚えているのは、三角形の机で書き物をしている姿である。「平面は三点あれば決定するから天板は三角形でいい」という幾何学的な理由で、結婚時に持参した衣装箱を自分で切って三角形の机に仕立てたものだった。

熱いスープを入れたコップが机の上を動くのを不思議がった三、四歳の紅葉に対し、空気の膨張と摩擦係数を持ち出して説明したこともあった。好奇心旺盛で、近所で踏切事故が起きたからといって裸足で飛び出していく母親を、

「ママー、飛び出していくと危ないよ」

とサンダルを手に追いかけていくのは、幼い紅葉の役目だった。

「完璧な専業主婦」を演じたが……

本と数学の世界に閉じこもり、浮世離れしていた美紗も、京都の封建的な家庭で育った女性である。お手伝いがいたとはいえ、女は結婚したからには家庭のことをしっかりしなくてはいけないという保守的な価値観は、美紗の中にもしっかり根付いていた。

紅葉の出産から四年ほどして、教師の仕事を辞めて家庭に入る。幼い長女におやつを手作りし、家の庭で野菜を育て、大きな鰤《ぶり》や鮭も自分でさばき、お祝い事のたびに和洋中のフルコースをこしらえる。何事にも徹底的に取り組む美紗は、完璧な専業主婦を演じてみせた。だが、そんな暮らしは数年ともたなかった。

転機は次女の出産。夜中三時間おきに湯を沸かしてミルクを飲ませ、寝付くまで一時間も二時間も添い寝をする。ページをめくる音でも目を覚まして泣きだしてしまうから、本を読むこともままならなかった。ようやく寝かしつけても、次のミルクの時間まで一時間ほど。そう思うと余計眠れず、ノイローゼ寸前まで追い詰められた。

どうせ眠れないのなら、何かしよう。美紗は寝床で赤ちゃんを抱えたまま、天井をむいて小説のストーリーを考えることにした。病弱だった少女時代に、物語を妄想し、幾何の問題を解いたときと同じように。思いつくのは、決まって推理小説のストーリーだった。ひらめきによって犯人を明確に指摘できるのが、数学の証明の問題を解いて「依って証明せられたり」と最後に添えるのに似ていたからだ。

朝になったら、片手でゆりかごを揺らしたり、おんぶしたりしながら夜中のアイデアを小説に落とし込む。睡眠は次女の昼寝と一緒に細切れにとることにした。

娘のポケットに「ワイヤレスマイク」

一九七〇年、応募作品が賞の候補となったことがきっかけで、刑事ドラマ『特別機動捜査隊』シリーズのシナリオを書く仕事が舞い込んできた。

動き回るようになった次女には「このおみかんむいてごらん」とみかんをわたす。「もうむいちゃったの。じゃ、一個ずつ並べてごらん」と次々に指示する作業に次女が夢中になっているスキに、台所や玄関で仕事をした。すでに小学生になっていた長女・紅葉にはワイヤレスマイクを仕込めるよう、大量のポケットやポシェットのついた手作り服を着せた。外で遊ぶ長女の様子をFMラジオで探るためだ。テレビが超高級品だった時代、野球を見たい父のために三〇〇〇個もの部品を買い集めて自力でテレビをまるごと組み立てたこともある美紗にとって、盗聴ぐらいはお手の物だった。そんなことは知る由《よし》もない紅葉は、公園のブランコから落ちてもすぐに駆けつけてくる母のことを、スーパーマンだと思い込んでいたという。

旅行に行くたびにありふれたものまで写真に収める母を不思議がった紅葉に対し、美紗はこんなことを言ったことがある。

「だってママは、将来作家になるでしょ。すごい売れっ子になるから、取材旅行に行くヒマもないはずなの。だから、今からこうやって資料を集めておくのよ」

野心に燃える母は、自分を売り込むために上京することもたびたびあった。家を空ける間、子どもたちの面倒をみるのはお手伝いさんたちだ。ところが彼女たちの子どもが熱を出して仕事を休んだりすると、美紗は容赦なく彼女たちを叱り飛ばした。家に子どもしかいないのを心配した紅葉の祖母が面倒を見に来ると、母を心配させてしまったと言って、またお手伝いさんを怒る。心を痛めた紅葉は、祖母から電話があっても美紗が東京に行っていることは隠すことにした。

九九点でもダメ出し

親族より怖いのはご近所の目。京都の封建的な地域だったこともあり、適切な時間にきちんと洗濯物が干されていないと、どんな噂を流されるかわからない。

早朝の新幹線で東京に行くときは、美紗はあらかじめ室内で洗濯物を竿に通してから出かけた。頃合いを見計らってその竿をベランダに干すのは紅葉の仕事だ。好き放題に生きてたまたま成功した女性として見られがちな美紗だったが、「女が働くならまず家事育児を完璧にこなしてから」という社会につぶされることなく野心を燃やし続けるのは、並大抵の苦労ではなかった。

余裕のない母のギスギスした姿を目の当たりにし、自身も振り回された紅葉は、自分は将来絶対に専業主婦になって子どものお弁当を作ってあげようと誓うのだった。

山村美紗が作家として本格デビューしたのは、ちょうど紅葉が中学に通い始めた時期だった。国立のエリート校だから、周囲は母親に手をかけられている子どもばかり。駆け出し時代の母は特に忙しく、紅葉は級友とのギャップに悩んだ。スキー教室では友達が母親の編んだセーターを着て最新のスキーウェアを携えているのに、美紗は手編みどころかスキー教室があることすら知らず、紅葉は防水機能のないアノラックでびしょびしょになりながらスキーをした。母の代わりに妹を保育園に送って学校に遅刻したこともあった。

完璧志向だった美紗は、この時期のことをどうとらえているのだろう。『子育て推理学』のすすめ」（『美紗の恋愛推理学』所収）は、プライベートをあまり語らなかった美紗が書き残した数少ない育児エッセイである。ありていにいえば、多忙であまりかまえない自分が、いかに子どもの心をうまくつかんだか、という子育て成功テクニック集だ。たとえば、思春期の育児の方針は「泳がせろ」。刑事がシッポをつかむためにあえて容疑者を自由に動き回らせるように、干渉せずに自由にさせながら、子どもの言うことを全肯定して心をつかんでおくのである。つねに褒め上手に徹し、試験が近づいたら勉強しろと叱る代わりに得意の推理力で娘と一緒に〝ヤマ〟を探す。娘たちにはいつもこう言い聞かせていたという。

「ママは、どんなときでもあなたたちの味方よ。たとえ警察に追われるようなことになっても、ママだけはあなたたちをかくまってあげる。警察の張り込みなんか、ウラをかいて逃がしてあげる。それでもつかまったら、差し入れの中に糸のこぎりを入れてあげる。地下道を掘ってでも助けてあげる。だから、どんなに悪いことをしたときでも、いってちょうだい」

本気で地下道を掘るメカを自作しかねない美紗が言うと説得力がある。いついかなるときも「親は子どもの味方」という安心感と信頼感をおけば、接する時間が短くても子ども自身が自然に打ち明けてくれるのだと美紗は説く。

仕事がたまって締め切りが迫ってきたときだって、ただほったらかしにはしない。娘二人を豪華なレストランに連れていき、好きなものを買い与え、最後にこう告げる。「忙しいから、ママこれから仕事に専念するからね」。目に見える形でしっかりかまうことで、母は自分たちのために時間を割いたから徹夜しているのだと子どもたちも納得すると美紗は考えた。育児のために仕事を減らすのではなく、徹夜してでも引き受けた仕事をやり遂げる姿を子どもたちに見せたかったのだ。「仕事の約束は絶対に守らなくてはならない。たとえそのために死ぬことになっても」。それが美紗の教えだった。

もっとも紅葉に言わせれば、美紗は褒め上手どころか「とても厳しい母」だったようだ。作文はつねにダメ出しされ、好きな男の子までけなされ、模試で九九点を取っても「なぜ百点じゃないの」と叱りつけられる。受験勉強があるから家事ができないと言うと、「ほんのちょっとしたことができなくってそれで受験に失敗するようなレベルだったら、勉強の分野では成功できない。諦めなさい」と激怒された。母の育児エッセイとはだいぶ違う。「自分が生き残るのに必死」で「精神的に余裕がなくて、私のことまで気が回らなかったんでしょうね」と紅葉はインタビューで語っている。エッセイで語った育児テクニックは、緻密なトリック同様、あくまで理論上の産物だったのだろう。

完璧でないと不安な「女王」

女王のようにふるまっていた作家・山村美紗の余裕のなさについて、三〇年来の盟友だった西村京太郎も貴重な証言をしている。追悼手記で彼が語ったのは、「華やかで、男まさりで、気配りがあって、才能にあふれた女性」という周囲のイメージとは裏腹に、自信なげな言動をとる美紗の姿だった。

「私とKさんとどっちが作家として上かしら？」

と西村京太郎に何度もしつこく聞き、初対面の相手には自分がいかに売れっ子であるかを必死にアピールする。君が流行作家であることは誰もが知っているといさめても、

「私のことなんか、ぜんぜん知らないかも知れないわ。知らないで、バカにされるのが怖いの」

と不安をもらした。出版社の社長が社員を引き連れて会いに来たときは、姓名判断の本を一夜漬けで暗記し、占い好きの社長を姓名判断で二時間近く持ち上げてみせた。そこまで気を遣っても、あとで西村京太郎に、

「社長さんは満足してくれたかしら？」

「少し、私が喋りすぎたんじゃないかしら。うるさい女だと思って、二度と、あの社長さんは京都に会いに来てくれないんじゃないかしら？」

としつこく確認せずにおれない。自分は本当は人に愛されていないのではないか、作家としての才能がないのではないかという怯えは、つねに美紗にとりついて離れなかった。盛りに盛った育児エッセイも、娘に厳しかったのも、完璧でなければ世界にそっぽをむかれるという恐怖の表れだったのだろうか。

華やかに活躍する母の陰で身なりにかまわず勉強に明け暮れた紅葉は、早稲田大学政経学部に進学する。在学中、母原作のテレビドラマの打ち合わせに訪れていたプロデューサーの目に留まり、ドラマ出演の誘いがかかった。ほとんど母から褒められたことがなかった紅葉は、中学でシンデレラの英語劇に出たときだけ褒められたことをずっと覚えていた。参観日や親子面談にも来ず、子どもの行事ごと忘れるような母なのに、テカテカピンクの生地を買いに行ってドレスまで縫ってくれたのである。観覧後も「あれはきれいだった。上手だった」と手放しに褒めた。ドレスを着て演技をしたら、お母さんはまた喜んでくれるのかな。

「コネ女優」の真相

こうして山村紅葉はドラマ「燃えた花嫁～殺しのドレスは京都行き～」で女優デビューを果たす。ドレスごと燃やされる役だったが、演技の仕事は意外にも楽しかった。誘われるままに大学在学中に二〇本のドラマに出演し、芸能プロダクションからの誘いも受けた。しかし演技の勉強をしたわけでもなく、「それほどの顔でもないし、それほどの演技でもない」という母の言葉もあって、大学卒業後は大阪国税局で税務調査官として働くことにした。いわゆる「マルサの女」だ。コネ女優と言われがちな紅葉だが、母のコネでテレビ局でも出版社でも苦労せず入れそうなところを、国家試験を受けてド堅気の道に進んだのだから、もともとは母から離れたところで生きるつもりだった。それでも結婚退職後、再び知人からの誘いを受けて女優の世界に戻っていく。

美紗は女優としての娘にはとことん過干渉だった。テレビで自分の作品に出ているなら娘を守れるけど、自分と関係ない舞台に出ることには「私のコネがないと無理だから」と反対する。紅葉が母のコネを利用したというよりは、むしろ美紗のほうが自分の作ったお城から娘を出したがらなかったというほうが近いだろう。

今思うと、私たち母娘は、密着しすぎて遠い存在、言い換えれば、すごく距離があるのに近い存在でした。(……)普通の母と娘の距離が仮に1メートルだとすると、私たちはもっと密着し、分離不可能というほどお互いの中に気持ちが入り込み合ってる「一卵性親子」的な部分と、逆に、一般的には他人より遠いように思える、何十キロ先と見えないほど離れていた部分とが同時にあった、不思議な関係でした。母が私に女優の仕事を、自分のコネのない所ではやらせたがらなかったのは、娘の痛みを自分の身に感じていたからでしょうか。「娘が心配」というのではなく、もう「自分が痛い」。逆に私も、小さいころから訴えたいことはいっぱいあったのに、母の気持ちがわかりすぎるために、何も言えなかったのかもしれません。

（山村紅葉「解けない謎を残して逝ったひとトリックの女王・山村美紗の素顔」『婦人公論』2001年3月22日号）

完璧でなければ受け入れられない。そんな自分の怯えを娘に投影してダメ出しばかりしていた美紗が、一回だけ母娘二人きりの旅行をしたことがある。秘書もお手伝いさんも倒れてしまったというので、日当二万円で紅葉に付き人を依頼したのである。

このときの母は人が変わったように優しく、アクセサリーやお土産を機嫌よく買ってくれた。びっくりした紅葉が思わず「ママ、急にいい人になって、死ぬんちゃう？」と口に出してしまったほどだ。それが二人の最後の旅行になった。

華やかな女王の「最期」

一九九六年九月五日、山村美紗はホテルで執筆中に急死する。母原作のドラマ撮影で京都に滞在していた紅葉は、すぐに車で東京のホテルに向かい、京都の自宅まで母の遺体を運んでそのまま撮影現場に戻った。プロデューサーと監督はさすがに気が引けて、その日の撮影を中止することを申し出る。しかし紅葉は「仕事の約束は絶対に守らなくてはならない。たとえそのために死ぬことになっても」という母の言葉を持ち出し、撮影続行を求めた。

締切に追われて死んだ原作者の娘にそう言われては、続けるしかない。撮影が終わった瞬間、主演女優であるかたせ梨乃は無言で紅葉を抱きしめた。

弔問客が押し寄せる怒涛の通夜が終わり、棺を囲むのは山村紅葉とその妹、西村京太郎、山村美紗ドラマの常連俳優である若林豪だけになった。おりしも、「山村美紗サスペンス」が始まる時間。西村京太郎の提案で、美紗の顔を覆っていた白い布を外して一緒にテレビを観ることになった。

愛娘《まなむすめ》の出演する「山村美紗サスペンス　京都一条戻り橋事件　恋の為の犯罪か！　栄華の為の殺人か！」を、盟友だった作家と俳優、娘たちと一緒に棺の中で見守る。殺人という陰湿なことが起きるからこそ、ミステリーの舞台設定は明るく華やかにしたいと考えていた山村美紗らしい最期の迎え方だった。葬式は生前好きだったひまわりと胡蝶蘭で埋め尽くされ、受賞パーティのような華々しさだったという。

母の死後、紅葉はテレビ関係者から「紅葉は私のコネで出ている女優だから、原作がたくさんないと困るでしょう」と生前の母が語っていたことを聞かされた。プライドの高い母が、知り合いの俳優らに「娘をお願いします」と頭を下げていたことも。

健康を顧みずハイペースで執筆を続けていたのは、ダメ出しばかりしていた娘のためだった。警察につかまったら地下道を掘ってでも助けてあげる。その気持ちはきっと本物だったのだろう。なんて不器用なトリックの女王。

スゴ母⓫

アストリッド・リンドグレーン

『長くつ下のピッピ』は遊び大好き母から生まれた

国連で怒りのスピーチをぶちかました一六歳（当時）の環境活動家グレタ・トゥーンベリさんを見て、『長くつ下のピッピ』を思い出したという人は多い。学校に通わず、権威に屈せず、自分が正しいと信じることのために大人たちと渡り合うパワフルな三つ編みの女の子ピッピは、児童文学から生まれたスウェーデンの国民的ヒロインである。少女のひとりストライキに国民が賛同して一大ムーブメントになるぐらい女子どもの声が重んじられているのは、いかにもピッピの国らしい。

もっともスウェーデンだって、昔から女子どもが尊重されていたわけではない。ピッピの生みの親である作家アストリッド・リンドグレーンも、まともな性教育がなかった二〇世紀前半に一〇代で未婚の母となり、苦労した女性だった。けれども物語の持つ力を駆使してスウェーデンを「女子どもの声を無視するとヤバいぞ」という国にしたのも、彼女なのである。

遊びすぎて遊び死にするレベル

　アストリッド・リンドグレーンは一九〇七年、スウェーデン・スモーランド州でネース農場を営む両親のもと、四人きょうだいの長女として生まれた。アストリッドは六歳からカブの間引きやニワトリの餌《えさ》の用意を担当し、忙しい両親の仕事を手伝った。仕事や道徳に関して厳しい一方、母は生活の細々したことには文句を言わなかった。食事の時間に子どもたちが遅れても、食料部屋で勝手に食べればよいというスタンス。遊んで服をやぶこうが、泥んこで汚れようが、台所のテーブルに登った幼児が生地をひっくり返してどろどろになろうが、わざとではない失敗なら一切怒らない。

　母は遊びに関しても放任だった。忙しくて子どもをかまっている暇がなかったといったほうが正確かもしれない。四人の子どもたちは木に登り、高い屋根の上をバランスを取りながら歩いた。深い川に潜り、干し草の中に秘密のほら穴を掘り、羊小屋の干し草置き場でサーカスごっこをした。

　広い家の中も、子どもたちの遊び場になった。家中で追いかけっこをしておなかに指をさす〈こんなおなか〉ゲームに、床に足をつけずに家具をつたって部屋の中を渡り歩くという〈ゆかにおりません〉ゲーム。どれも親にとっては大迷惑だったかもしれないが、それでも怒られなかったという。アストリッドはのちに、〝遊び死に〟しなかったのが不思議なくらいだと語っている。

幸福な子ども時代の背景には、ラブラブな父母の姿があった。一三歳でクラスの優等生に一目惚れしてから母一筋だった父は、当時の農夫としてはめずらしく妻への愛情表現が豊かな人物だった。

「わたしたち四人の子どもは、日常的に、父親が何かの折に母親を愛撫するのを見るのに慣れていました」

（『愛蔵版アルバム　アストリッド・リンドグレーン』）

妻と子どもたちを溺愛する父と、勤勉の美徳を守りさえすれば遊びにはいちいち口を出さない母のもと、四人の子どもたちは自由奔放に育った。

「子ども時代の終わり」のはじまり

遊びに遊んだアストリッドは一三歳の夏、自分の子ども時代が終わったことを突然悟る。

自分は世界で一番醜い女の子で、一生誰からも恋されることはないだろうと思い込んだ。まわりの女の子たちが恋バナをしていても、「どうしても恋をしなければならないのだとしたら『三銃士』のなかの誰かにするわ」と、二次元の話で煙に巻いた。安らげる世界は本の中だけだった。

孤独な文学少女はハイティーンにさしかかるとジャズに目覚め、夜のダンスパーティに通うようになった。中でもアストリッドに強い影響を与えたのは、フランスのベストセラー小説『ギャルソンヌ』（ヴィクトル・マルグリット）だった。

ヒロインのモニカはブルジョア階級でありながらコルセットとドレスを拒否し、男の子のような格好をしてタバコをくゆらせ、飲酒とダンスにふけり、未婚の母となる。女らしさよりも自分らしさを貫くヒロイン像は、母や祖母のようにはなりたくないと考える一九二〇年代の少女たちに国境を越えて熱烈に支持されていた。そのひとりだったアストリッドも、村で初めてのショートカット女子となり、ズボン、ジャケット、ネクタイを着用して男性のようにふるまった。

ニーチェ、ディケンズ、ショーペンハウエル、ドストエフスキーなどを読みふけり、会話に引用をちりばめる。評判のよくない女子グループとつるんでは、いたずらをしかけて大人たちのひんしゅくを買うこともあった。一言で言えば「グレた」のである。

のちにアストリッドは、「天国のような子ども時代が終わった後の一〇代の時期はわたしにとってつまらない時代だった」とインタビューに答えている。この時期について、彼女は終生多くを語っていない。これは想像にすぎないが、兄や妹たちと男女の別なく乱暴で危険な遊びを楽しんだアストリッドにとって、「美しくおしとやかにつつましく」という当時の女性に課せられた性別規範は、相当に息苦しかったのではないだろうか。

一八歳で上司の子どもを妊娠

一九二四年に中等学校を卒業したアストリッドは、一三歳のときの作文が掲載された縁で、地元の新聞で見習いとして働き始める。子ども時代の終わりを惜しむように書かれたその作文は、厳かにネズミの埋葬を執り行うふたりの少女と夕暮れ時の子どもたちの姿を綴った詩的な文章で、その文才を覚えていた編集長からスカウトされたのだった。

二年半ほど働いた後、一八歳になったアストリッドは新聞社を辞め、大きくなったお腹を抱えて首都ストックホルムに移ることになった。お腹の赤ちゃんは、編集長との子どもだった。彼が惚れ込んだのは、アストリッドの文才だけではなかったのである。たとえ相手が妻子のいる四九歳の上司であっても、誰にも愛されないと信じていたアストリッドにとっては初めての求愛だった。まるで小説の中のできごとみたいだとときめき、うっかり誘いに乗ってしまう。

ピューリタニズムの強い影響下にあったスウェーデンで育ったアストリッドは、避妊について一切知らず、地元の名士でもある上司がまさか自分を悪い立場に追いやることはしまいと安心しきっていたのも災いした。妊娠を知ると編集長は妻を捨てて一緒になりたがったが、アストリッドに結婚する気はなかった。若い女の子と恋愛したがるおじさんにありがちなことだが、編集長はアストリッドにダンスを禁じるなど支配欲が強く、彼女と家族との絆の強さにも嫉妬するほどだったのだ。

当時人工中絶は非合法だったから、結婚話はペンディングのまま、婚約者との子どもという体裁で出産せざるをえない。しかし保守的な田舎で不倫の子を産んだらどんなひどい目に遭うことか。何より信心深い母は、前々から私生児を生む若い女性を忌み嫌っていた。

アストリッドはひとりで実家を離れるしかなかった。両親を怒りと絶望でショック死させないように。

結婚できない理由はほかにもあった。当時、編集長は泥沼離婚裁判の真っ最中だったのである。妻の財産を奪おうとしていた編集長に応戦するため、妻側は編集長の不貞の証拠を集めているところだった。当初はこっそりストックホルムで子どもを産ませ、離婚裁判が終わってからアストリッドと結婚しようともくろんでいた編集長だが、国内で出産するなら父親の名前を出生届に書かなくてはいけない。愛人に子どもを産ませたことがバレたら、離婚裁判はとことん不利になるだろう。

そんな勝手な理由で、アストリッドは父母の名前を伏せて出生届を出せるコペンハーゲンに送り込まれた。未婚の妊婦を助ける活動をしていた女性弁護士の援助を受け、コペンハーゲンにたどり着いたアストリッドは、その年の暮れに息子ラーシュ（愛称ラッセ）を出産する。優しい養母として名高い女性に息子を託すことができたのは、せめてもの幸いだった。

アストリッドはストックホルムに戻ってタッチタイピングや速記などを学べる学校に通い、事務所秘書として働き始める。同じようにひっそりデンマークで子どもを産むしかなかった少女たちの多くはそのまま子どもから離れたが、アストリッドは生活費を切り詰めてラッセに会うための旅費を捻出した。金曜日の夜に夜汽車に乗って座りながら寝て、土曜の昼間に養母の家に到着し、二四時間激しくラッセと遊んだあと、日曜の晩に汽車に飛び乗って始業時刻に間に合うように職場まで走る。三年間で一四回国境を越えてラッセに会いに行っていたアストリッドは、満足に食事もとれず、いつもお腹をすかせていたという。そうまでして子どもに会いたがったのは、母性愛だけではなかったのだろう。「子どもが生まれたとき、改めて、私にはまだ楽しんで遊べる力が残っていたのだと思いました」(『遊んで、遊んで、遊びました　～リンドグレーンからの贈りもの』)。伝統的な「女らしさ」に居心地の悪さを感じていたアストリッドは、ラッセと過ごすことで再び子ども時代を取り戻すことができたのだ。

「彼女は、そりゃ、他のお母さんとはちがってたよ。子どもの遊ぶのを、砂場のそばのベンチに座って見てるなんてことはなかったよ。自分も遊びたがってたからね」

当時を振り返るラッセの言葉である。ラッセはアストリッドが帰ったあと、疲れすぎてまる一週間寝て過ごしていたそうだ。

離婚裁判を終えた編集長は、一九二八年春に改めてアストリッドにプロポーズする。アストリッドははっきり拒絶した。恋愛感情はとっくに冷え切っていたし、いくら裕福とはいえ、前前妻との子どもが七人いる家庭でラッセとの未来を築ける気がしなかった。怒った編集長は、ラッセの養母への仕送りを半減すると息巻く。もっとも、この怒りは夏には解けた。新しい妻との結婚が決まったのである。つくづくくだらないおっさんだな！　と時空を超えて炎上させたくなるが、彼が最後にひとりコペンハーゲンを訪れたときは、座ってラッセを抱きしめながら「君はお母さんに本当にそっくりだ」と涙を流したという。権力におぼれて人との関わり方を間違えていただけで、アストリッドとラッセを思う気持ちは本物だったのだろう。反省の手紙を送ってきた編集長に、アストリッドは優しく返信した。

「許しを請う必要はないのです。うまくいかなかったのは、あなたの非でも私の非でもありません。（……）ああ、雪が降っています。すばらしく悲しげに、優しく。あのとき、あなたのベッドの上には絵がかかっていましたね。秋の風景を描いたあの絵です。今の私は、あの絵と同じ気持ちに包まれています」

さようなら、今まで会ったどんな女性たちとも違う、美しい文章を書く永遠のいたずらっ子。ふっきれた編集長は一九三二年に家族の思い出を書籍として出版し、三番目の妻とさらに四人の子どもを作った（精力的！）。

ふたたびの「子ども時代」

子どもと離れて過ごした三年間は、アストリッドの子ども観に大きな影響を与えた。アストリッドのように、性教育を受けられないまま無責任な男に孕《はら》まされてひっそり出産する若い娘は少なくなかった。

保育園もない時代、そうした母子が一緒に過ごせることはまずなく、子どもたちはたいていひどい環境に置かれていた。孤児院に預けられている娘を訪問するルームメイトについていったアストリッドは、その環境にショックを受ける。友人の娘のために持ち込んだキャンディの袋はたちまち没収され、娘はアストリッドの前でひたすら泣くだけだった。子どもたちはなるべく親と同居できる環境にあるべきだと痛感したアストリッドは、自分のしたことをまっすぐ見つめた。私はきっとあの子を傷つけている。


養母が急性心不全で倒れたことをきっかけに、アストリッドは三歳のラッセを引き取ることにした。しかし二二歳の新米ママはわからないことばかり。風邪をひかせたくないママに無理やり厚着にさせられたラッセは、暑くて布団を吹っ飛ばして起きてしまう。一晩中ラッセの咳で眠れないまま仕事に行くこともあった。途方にくれるアストリッドに、心強い援軍が現れた。ようやく孫の存在を受け入れた母が、ラッセを農場で預かろうと提案してくれたのだ。

ラッセを連れて実家の農場に帰ったアストリッドは、動物たちを紹介し、子ども時代の遊びをすべて伝授した。

育児は苦手でも、遊びなら大得意だ。干し草にトンネルを作る方法、石壁の上でバランスを取る方法、草むらに寝っ転がって雲の形を見る方法。雨の日は、家の中で〈ゆかにおりません〉ゲーム。動物たちがたくさんいて自由に動き回れる農場は、四歳のラッセにとっての楽園となった。不倫騒動が村中に知れ渡っていたせいで、ふたりが散歩するとじろじろ見られたり、ひそひそ声が聞こえてきたりしたが、もはやアストリッドは自信のない少女ではなかった。堂々とふるまい、好奇の視線をシャットアウトした。何より、自分の子ども時代と同じ幸福を我が子に与えられたことに対する満足があった。やっぱり子どもは自然の中で育てるのが一番よね。そんな確信も、ラッセが不安そうなまなざしで訴えた言葉で打ち砕かれる。「ぼくはずっとここにいるの?」。優しい養母たちとの関係を突然断ち切られたことで、ラッセはまた捨てられるのではないかとおびえていたのである。

教訓物語の欺瞞《ぎまん》

正社員になって生活が安定したアストリッドに、新しいロマンスも訪れていた。恋の相手は、勤め先の支配人である九歳年上のステューレ・リンドグレーン。詩を贈ってくれるロマンチックな文学青年だが、またしても既婚上司である。今回も燃え上がったのは上司のほうで、妻子と別居してまでもアストリッドの住む下宿の近くに引っ越してきたのだった。離婚はすぐ成立し、一九三一年四月にふたりはアストリッドの実家で結婚式を挙げた。

ストックホルムに新居を構えたふたりは、一年半もの間実家の農場にいたラッセを呼び寄せた。ステューレとの結婚生活は穏やかなもので、アストリッドとラッセはようやく腰を落ち着けることができた。

今度こそちゃんと育児しよう。そう誓ったアストリッドは、子どもをしっかり観察するため、家計簿の裏に息子の面白い言動、質問などを書き留めることにした。初めて幼稚園に登園した日、帰宅して「ひとりになるって素敵だね！」と言ったこと。夢は永久機関の発明または北極点制覇であること。現代なら、面白お母さんブロガーとして早めに有名になっていただろう。

一九三四年には長女のカーリンが生まれる。家計は苦しく、アストリッドは文才を生かして育児の合間に旅行ガイドや地図編集の仕事をし、新聞に短い物語を寄稿しながらも、子どもたちとたっぷり遊べる主婦の暮らしを楽しんだ。子どもと一緒に木登りしてドレスのお尻を破いてしまったときは、ラッセは真後ろにぴったりくっついてアストリッドのお尻を隠して歩かねばならなかった。どっちが子どもだかわからない。ラッセの友達がアパートに遊びに来ると、ラッセとふたりで二つの椅子の間に毛布をかけて座り、優しい微笑みで「真ん中に座りたい?」と持ち掛けた。ベンチだと思い込んで座った少年は、毛布と笑いに包まれることになった。

カーリンは当時のことを、

「私はとにかく母と一緒にいたかったのを覚えています。母のそばにいればいつもハプニングが起きて、退屈することはありませんでしたから」

と振り返る。路面電車に高速ダッシュで飛び乗って靴を落とし、次の駅で降りてケンケンで戻るようなアストリッドの二児の母らしからぬ破天荒さは、他の子どもたちの注目の的になった。自分の子どもだけでなく他の子どもたちとも愉快に遊んで子ども時代を完全に取り戻したアストリッドは、のちの創作の源となる遊びの経験値をさらに増やしていく。

アンデルセンにくまのプーさん、自作の物語も含め、物語もたくさん語り聞かせた。カーリン曰く、「母が物語を語るのは、衝動にかられたときだけでした。母が道徳や教訓の観点からお話を思いついていたら、私の頭には入ってこなかったでしょう」。

たまに教訓めいた話をすることもないではなかった。けれどもそんなとき、アストリッドは子どもたちに意図を見透かされていると感じた。たとえば、アストリッドが苦手な食べ物をラッセが食べられたとき。「きっとサンタがいい子だって言ってくれるよ」と褒められたラッセはこう返した。「じゃあサンタはママになんて言うの?」。物語で説教しようとするなんて、子どもが自分で考える力を見くびっている。子どもの言動をしっかり観察して記録し、教訓物語の欺瞞《ぎまん》に気づいたことが、児童文学作家として成功する礎《いしずえ》になったことは言うまでもない。

親戚の子ども、子どもの遊び仲間、公園や通りにいる子どもたちと、観察の対象は広がっていく。説教を好まないアストリッドは、多くの大人が子どもの言葉に耳を傾けず、叱ったり叩いたりしてばかりいることに胸を痛めた。子どもが就学してからは、学校の権威主義と命令尽くしを目の当たりにして、いっそうその思いを強める。一九三九年一二月、日刊紙『ダーゲンス・ニーヘーテル』に一〇代が書いたという体裁の「若者の反乱」という短い意見記事が掲載される。これは一三歳のラッセが中等学校で実際に行ったプレゼンテーション「『子どもでいる』という技術」に感銘を受けたアストリッドが、息子の文章に手を加えて同紙に投稿したものだった。

子どもでいることは簡単じゃない。最近新聞でこんな文章を見かけて、私は驚いた。だって新聞で正真正銘の真実が読めるなんてそうそうあることじゃないからだ。（……）子どもであるということは何を意味するのか。それは寝るにも服を着るにも歯を磨くにも鼻をかむにも、自分に合ったやりかたじゃなく、大人に合わせなきゃいけないということ。白いパンの代わりに、ライ麦パンを食べなきゃいけないということ。（……）さらには、見た目や健康や衣服や将来といったきわめて個人的なことについて、大人たちが口を出すのを黙って聞かなきゃいけないということ。私はときどき疑問に思う。私たちが大人をそんなふうに扱い始めたら、どうなるのだろう。（……）

（「若者の反乱」）

これは若者の代弁であると同時に、アストリッド自身の魂の叫びでもあっただろう。

「長くつ下のピッピ」の誕生

一九四一年の冬、ひどいはしかにかかって寝込んでいた七歳のカーリンは、母に物語をねだった。何日もベッドから離れられないほど病状は重く、さすがのアストリッドも話のネタが尽きてしまう。何のお話をしようか、と問うアストリッドに、カーリンは答えた。

「長くつ下のピッピっていうのがいい」

長くつ下のピッピ？　アストリッドは即興でお話をした。世界一の怪力で、ひとりで自由気ままに暮らしていて、大人に怒られてもへっちゃらな女の子。カーリンはピッピの話が気に入って、何度もお話をせがんだ。遊びに来たカーリンの友達もピッピのお話のとりこになった。ピッピの冒険物語はどんどん広がった。

足を怪我して寝たきりで過ごしていた一九四四年の春、アストリッドはカーリンの一〇歳の誕生日プレゼントとして、「長くつ下のピッピ」を本にまとめることを思いつく。

ベッドにいながら速記で頭の中のアイデアをまとめ、あっという間にタイプライターで清書をする。未婚の母時代に習得した秘書技術のたまものだった。本を作り終わっても、まだ足は治らない。そうだ、コピーを大手出版社に送ってみよう。同封した手紙で、アストリッドはニーチェの用語を用いてピッピを説明した。曰く、ピッピとは子どもの姿をした小さな「超人（Übermensch）」である。バートランド・ラッセル『教育論』では子どもの最も顕著な本能的特性は大人になりたいという欲求だとされているが、より正確には「力への意志」なのである、と。

支配も被支配も望まず、ただ自分の思う善のために力を行使するピッピは、確かにニーチェの「超人」そのものである。大人の鼻をあかす強いヒロイン像を求める現代の少女に愛されるのも当然なのだった。今でこそプリキュアシリーズしかり、一瞬で周囲を凍らせる『アナと雪の女王』のエルサしかり、幼い女の子にも「力への意志」があることはよく知られているが、当時はそうではなかった。

ピッピというまったく新しい破天荒な女の子は、克明に記憶された子ども時代の価値観をヤサグレ少女期に身に付けた理論で武装し、子どもたちの観察でそれを実証するという理知的な営みから生まれたのである。もっとも、当時は破天荒すぎてボツになってしまうのだけど。

出版社からの返事を待っている間、アストリッドにとってショッキングな出来事が起きた。七月初旬のある晩、夫のステューレからほかに好きな人ができたから離婚してほしいと打ち明けられたのだ。一気に押し寄せる生活不安。子どもたちとの遊びの時間を大切にするために主婦業をがんばってきたけれど、男まかせの幸福はなんてはかないんだろう。まだ小さいカーリンを守るためにも、家庭だけではない自分を確立せねば。一一月、アストリッドは小さな出版社ラーベン・オク・ショークレンの公募に当選し、真面目で前向きな女の子の物語『ブリット・マリはただいま幸せ』で出版デビューを果たす。

翌年一月にステューレは浮気相手と別れて家に帰ってきたものの、アストリッドの作家人生はもう走り出してしまった。デビュー作のレビューは好意的なものばかりで、中には「大きな子どもたちを育てながら事務仕事をしている既婚女性が本を書くとは立派なものです。（……）この書き手が家族ではなく私たち読者のため執筆にもっと時間を割いて、この楽しく素晴らしい本のシリーズが続くことを心から願っています」と、兼業主婦アストリッドにはっぱをかけるレビューまであったのである。ここまで言われたらやるしかないっしょ。

勢いを得たアストリッドは、他社でボツになった『長くつ下のピッピ』をラーベン・オク・ショークレン社で審査員を務める女性司書に見せる。図書館で子どもむけ劇場を運営している彼女は一目見て気に入り、今年のコンテストにも応募するようにけしかけた。ただし、金賞を取るためにはいくつか修正が必要だと提案した。サーカスに馬糞を持ち込むのと、火事を消すために便器いっぱいの尿を人々にぶちまける描写はやめません？

一九四五年、司書の尽力もあって『長くつ下のピッピ』は見事金賞に輝き、ようやく日の目をみることになる。喜びをわかちあおうとするアストリッドに、カーリンは淡々と答えた。「お願いだから、あたしをピッピと一緒にしないでちょうだいね」。カーリンもアストリッドが子ども時代を喪失した年代に近づいていたのだった。

「大人になりたくなかった」すべての人へ

三七歳とデビューは遅咲きだったものの、大人に邪魔されない子どもの夢の世界をユーモアたっぷりに描く作風は、子どもたちに熱狂的に支持された。『長くつ下のピッピ』の成功で瞬く間に時の人となったアストリッドは、それから二年でピッピの続編二冊、『名探偵カッレくん』『やかまし村の子どもたち』などを出版し、合わせて一〇万部を売り上げ、四つの文学賞を受賞する。児童文学作家アストリッド・リンドグレーンの名を不動のものとした有名三シリーズは、子どもたちが親離れをする時期に一気に誕生している。

勉強嫌いでアストリッドを悩ませた夢想家のラッセは、一九四七年五月に無事名門高校を卒業する。卒業パーティの夜、アストリッドに「おやすみ」と声をかけられたカーリンは、ベッドの中で激しく泣き出した。「私、絶対に大人になりたくない」。「お母さんに年をとってほしくないの」とさらに泣きじゃくるカーリンの話を、アストリッドは優しく聞き続けた。「お母さんと話していたらそんなに悲しくなくなった。私が大人になるまで生きててね！」。トミーとアンニカが大人になりゆく一方で、さみしげな顔でひとりろうそくの炎を見つめる子どものままのピッピ。このセンチメンタルなピッピ三部作のラストは、我が子との遊びの時間が終わりつつあるアストリッドの「内なる子ども」の寂しさが反映されているのかもしれない。

のちにアストリッドはペンフレンドとの手紙の中で、「少女時代からずっと小さな憂鬱を抱えていました。私が本当に幸せだったのは子ども時代だけです。それが私が本を書くのが大好きな理由かもしれません。本の中なら、子ども時代の素晴らしい状態を再体験できるから」と書いている。アストリッドは物語の中で、内なる子どもを生かし続けることにしたのだ。

出世したステューレは酒におぼれ、ほとんど家に寄り付かなくなった。もう自分を追いかけてくる小さな子どもたちも、一緒に読書する優しい夫もいない。一九四〇年代の終わりまでにピッピはスウェーデンだけで約三〇万部を突破し、雑誌、劇、映画、レコード、広告、グッズなどのメディアミックス展開でその存在を全国に知らしめる。著作は一六冊を数え、破産寸前だった弱小出版社を国内有数の出版社に成長させた。一九五二年に夫が肝硬変で亡くなっても、快進撃は衰えなかった。

カーリンはそのときのことをこう語る。

「私たちの暮らしはさほど変わりませんでした。経済面でもそのままです。母が家計を支えていましたから。母とふたりで同じアパートに住み続けることができました。ただ、母の生活は徐々に変わっていきました。以前より社交的になりましたし、家にいてほしいという父の期待に応えなければならなかったときより楽しんでいました（……）もちろん、執筆は以前と変わらずです」

幸せな「元・子ども」として言いたかったこと

一九六〇年代に孫たちが生まれておばあさんになると、孫世代がアストリッドの遊び相手になった。兄グンナルの孫娘であるカーリン・アルグテーゲンも、農場でアストリッドと遊んだひとりだ。

「（……）アストリッドは、わたしたち子どもと〈魔女遊び〉をしてくれたわ。しかもみんなで、延々と遊んだの。一緒に遊んでいると、あまりおもしろくて、アストリッドが本物の魔女なのか、魔女の役なのかが、もうわからなくて。それほど遊ぶのが上手だった。大人はたいてい、そうじゃないでしょう」（『愛蔵版アルバム アストリッド・リンドグレーン』）

一九六三年から始まった「エーミル」シリーズは、孫のイヤイヤ期から生まれた作品だ。

執筆当時三歳だったカーリンの長男はかんしゃくが激しく、アストリッドもなだめるのに難儀した。困ったアストリッドは、孫以上の大声で適当なことを言うという奇策に出た。

「ロンネベルガのエーミルがやったこと知ってる？」

三歳児は泣くのをやめてきょとんとした。エーミル、誰やねん。もちろんアストリッドだって知らない。これから考えるのだから。

凶悪なイヤイヤ期幼児の興味をひくには、相当のいたずらっ子でなければならない。エーミルの造形は兄グンナルの幼児期、ラッセ、ラッセの息子、そしてやんちゃすぎて妹夫婦を絶望の淵に叩き落とした甥がモデルになった。

『長くつ下のピッピ』発表当時はまじめな大人たちから精神異常だの劣悪だのと心ない批判を浴びたアストリッドの作品は、退屈なお行儀と道徳に支配されていた子どもたちにとって切実に必要とされるものだった。

彼女の作品をむさぼり読んだ子どもたちが大人になる頃には、アストリッドはスウェーデン国民のヒロインになっていた。稼ぎ以上の税金を取られる作家をモチーフに重税政策を童話仕立てで批判した「ポンペリポッサ物語」が一九七六年に新聞に掲載されたときは、すぐさまスウェーデン議会で取り上げられ、その年の総選挙で四四年ぶりに非社会民主党政権が誕生する事態を引き起こしたほどだ。

しかし社会運動家としての一番大きな仕事は、一九七八年にドイツ書店協会平和賞を授与されたときの受賞スピーチかもしれない。スピーチ原稿を読んだ主催者はもっと当たり障りのない短いものにしてほしいと依頼したが、アストリッドはそれなら欠席すると譲らなかった。二児の母として、いや幸福な元・子どもとして言いたかったことを世界中に伝えられるチャンスなのだ。

性格は幼年期に決定するというラッセルの教育論の影響を受けたそのスピーチの内容は、軍縮を語るのであれば「家庭内の暴君」、すなわち体罰をふるう親を取り締まることが重要だと訴えるものだった。暴力によって育てられ、暴力以外の解決手段を知らない大人たちが戦争を起こすのだから、まずは家庭から体罰を排除しなくちゃいけない。

もちろん、理屈だけでは多くの親にきれいごとだと受け止められて終わりである。天才作家は、物語の力をここぞとばかりに利用した。

そして今も、子どもを厳しく扱おうとしたり、無理に抑えつけようとしている方々に、ある老女がわたしに話してくれたことをお話ししたいと思います。

〝ムチ打ちを怠れば、子どもをだめにする〟と、まだ信じられていた時代、彼女はまだ若い母親でした。つまり実際には、このことを信じていなかったのですが、ある時、彼女は、何か悪いことをした幼いわが子にムチ打ちをしなくてはと、生まれて初めて考えたのです。

彼女は、自分の息子に、外でシラカバの小枝を探してくるように言いつけました。幼い息子は、長いあいだ探しても見つけられず、泣きながら帰ってくると、

「小枝は見つけられなかった。でも、この石を持ってきたから、これでぼくをぶてるよ。」

と言ったのです。すると、彼女は、子どもの目を見て突然すべてがわかり、泣きだしてしまいました。息子は、きっと母親が自分を痛い目にあわせたいのだとわかっていたから、石でも小枝でも同じだと思ったのでしょう。

母親は息子を抱きしめ、しばらくふたりで泣きました。それから彼女は、その石を台所の棚の上に置いたのです。

その石は、〝暴力は絶対にだめ！〟という誓いを永遠に忘れないために、ずっとそこに置かれていました。

（ドイツ書店協会平和賞のスピーチ「暴力は絶対にだめ！」より抜粋）

なんてけなげな子どもも！　世界中に大きな衝撃を与えたこのスピーチをきっかけに、スウェーデンで子どもへの体罰を禁止する法律が世界に先駆けて作られる。物語で子どもたちに道徳を仕込むことを常々否定していたアストリッドだったが、大人たちには効果てきめんだったみたいだ。

その後もアストリッドは旺盛に社会運動にコミットし続けた。慈善組織に寄付し続けただけでなく、手紙をくれたクルド人難民の少女、障害のある子ども、病気の少女、その他数えきれないほどの人々に多額の援助をした。中にはアパートを訪れて「彼女と住む部屋を買いたい」とねだってきた見知らぬ若い男にまで金を与えている。人生は短いのだから、生きている限り善いことをしなければならないというのが彼女の信条だった。

一九八七年には、前年に長男ラッセをがんで亡くした悲しみも冷めやらぬまま、家畜の権利保護について首相に公開書簡を渡している。国民の心を動かす天才の心情を損ねたら、またしても下野するはめになりかねない。「ポンペリポッサ」の悪夢を繰り返したくない社会民主党は、手紙を年次大会で公開しただけでなく、首相自らアストリッドのアパートまで挨拶に訪れた。アストリッドは首相の目の前で人さし指を左右にふると、「この問題について何もしなかったらただじゃおかないから」といたずらっぽく叱りつけ、首相のほおを手のひらでポンポンと叩いた。五〇代の首相を子ども扱いするアストリッドを、ボディガードは黙って見つめるしかなかったという。翌年、家畜の幸福を尊重する動物保護法が制定されたのは言うまでもない。

一九九七年に初めてストックホルムを訪れたロシアのエリツィン大統領も、アストリッドに出会っている。政府の公式昼食会でアストリッドと握手をする報道写真の中の大統領は、少年のようにうれしそうな微笑みを浮かべている。どんな強面も子どもに戻してしまう〝永遠のいたずらっ子〟の力は、九〇歳近くになっても健在だった。

八〇歳まで木に登り、ひ孫とも力いっぱい遊んで「ぼくの大親友」と言わしめたアストリッドは、九〇歳記念インタビューで「あなたの児童書に言語教育上の特定の目的はありますか？」と聞かれたときも、

「そんなの屁とも思わないわよ」

とやんちゃに切り返している。このインタビューが、ラジオで流れた最後の彼女の肉声になった。数か月後、アストリッドは脳卒中を起こす。人格もユーモアのセンスも損なわれなかったが、彼女は最後にひとつだけ悲しい記憶をなくした。最愛の息子の死。ラッセが今も生きていると思い込む母に、カーリンも黙って話を合わせた。死の数年前のインタ

ビューで「自分は何よりも母なのです。私は我が子たちから多くの喜びを得てきました」と答えたとおり、母であることは最後まで彼女のアイデンティティの中心にあった。

二〇〇二年、アストリッドはカーリンに見守られながら九四歳で息を引き取る。通りの外には彼女の死を悼《いた》む何千人もの人々が集まり、花やろうそくを残していったという。

おわりに

「この女人二四時間家のため家族に尽くし……母としては清らかで……」

一昨年亡くなった祖母の葬式で、お経の一節に軽い違和感を覚えたことがあった。意味のとれない音声の羅列の中に突然挿入された、なめらかな日本語。高齢の既婚女性ということで、お坊様が特別サービスで褒め言葉を入れてくれたのかもしれない。ありがたいのにひっかかってしまったのは、私の知る祖母のイメージからかけ離れていたからだ。満州から祖父とともに無一文で命からがら日本に帰国して、怒濤の日々を駆け抜けた祖母である。急ごしらえの自宅が火事で焼けること二回。ミシンをがしがし踏んで家計を支え、やんちゃ盛りの男児二人をホウキを持って追いかけまわしながら育て上げたと聞いている。

今でもはっきり覚えているのは、弟の結婚式で母が「夫婦円満の秘訣は？」と司会からサプライズ質問をふられたときのこと。緊張のあまりマイクを持ったまま固まってしまう母。気まずい空気が流れる中、祖母は黙って母のマイクを奪い、低い声で一言だけ発した。

「忍耐」

キラキラした式場が、一瞬にして『ドキュメント女ののど自慢』の空気になったのは言うまでもない。「清らか」というよりは、「泥にまみれて」という言葉のほうがよほど似合いそうな重心低めの祖母だった。もちろん、葬式のお経をいちいちオーダーメイドで仕立ててたら大変だから、清らかでもまろやかでもなんでもいいのだけど。

職業人として生きた女性の人生を伝えるとき、母・妻の部分を強調するのは、フェミニズムの観点からはよろしくないとされている。

男性の伝記であれば、仕事の業績が語られこそすれ、「良き父良き夫として一男一女を育て上げた」などと家庭人としての側面に重点が置かれることはまずないからだ。あらゆる女性の人生が、ひとしく「二四時間家のため家族に尽くし母としては清らか」式にまとめられたら、つまらないのは確かである（お経ならともかくも）。

それでも、妊娠・出産・育児はどんな女性であっても命がけで、多大なリソースを割く大事業である。個性が強い女性ほど、そのやりくりには個性がきらめいてしまうはずだ。母を語る言葉がワンパターンに陥りがちであるからこそ、そのアクの強さに目を向けてみたいと考えた。

本書で取り上げた〝スゴ母〟は、いずれもとてつもない女性たちだ。凡人にはまねできそうもないし、育児の参考にはまずならないだろう。だが、いかんともしがたく自分であり続ける彼女たちの姿は、自分は自分にしかなれないということを私たちに教えてくれる。どこにもいない「正しいお母さん」像を内面化して、自分がかけ離れていることに落ち込んでいる場合じゃない。手持ちの「自分」で、泥臭く楽しくやっていこう。本書を読んで、そんなふうに感じていただければうれしく思う。

最後に、本書の編集を担当し、「まだまだいるスゴ母たち」の人選のアイデアをくれた大和書房の藤沢陽子さんに感謝したい。一人で書いているとどうしてもジャンルが偏りがちになるが、おかげでさまざまな業界のスゴ母たちを取り上げることができた。また、楽しく華やかな本に仕上げてくれたイラストレーターの北澤平祐さん、梶谷牧子さん、装丁家の高瀬はるかさんにもこの場を借りてお礼を申し上げる。

堀越英美

参考文献

スゴ母① 岡本かの子

岡本太郎『一平 かの子―心に生きる凄い父母』（チクマ秀版社）一九九五年
岡本太郎『母の手紙 母かの子・父一平への追想』（チクマ秀版社）一九九五年
熊坂敦子編『岡本かの子の世界』（冬樹社）一九七六年
岡本一平『増補 一平全集 第三巻』（大空社）一九九〇年
瀬戸内晴美編『火と燃えた女流文学』（講談社文庫）一九八九年
『新潮日本文学アルバム 岡本かの子』（新潮社）一九九四年

スゴ母② マリー・キュリー

エーヴ・キュリー著、河野万里子訳『キュリー夫人伝』（白水社）二〇一四年
バーバラ・ゴールドスミス著、小川真理子監修、竹内喜訳『マリー・キュリー フラスコの中の闇と光』（WAVE出版）二〇〇七年
イレーヌ・キュリー著、西川祐子訳『母と娘の手紙』（人文書院）一九七五年
イレーヌ・キュリー『わが母マリー・キュリーの思い出』（筑摩書房）一九五六年
マリー・キュリー「キュリー自伝」『世界ノンフィクション全集8』（筑摩書房）一九六〇年
川島慶子『改訂マリー・キュリーの挑戦 科学・ジェンダー・戦争』（トランスビュー）二〇一六年

スゴ母③ 青山千世

山川菊栄『おんな二代の記』（岩波文庫）二〇一四年
山川菊栄「『労働神聖』と『母性礼讃』」（岩波書店『山川菊栄集 評論篇 第3巻』所収）
お茶の水女子大学附属図書館
http://www.lib.ocha.ac.jp/lib_cha.html

スゴ母④ 三島和歌子

尚友倶楽部編『尚友ブックレット22 三島和歌子覚書』（芙蓉書房出版）二〇一二年
阪谷芳直著、阪谷綾子編『黎明期を生きた女性たち 幕末明治の阪谷・渋沢・三島・四条家』（吉川弘文館）二〇一二年
尚友倶楽部・内藤一成・長谷川怜編『尚友ブックレット34 日本初のオリンピック代表選手 三島弥彦 伝記と史料』（芙蓉書房出版）二〇一九年

歴史上のヤバ母伝説

Karen Dolby "My Dearest, Dearest Albert: Queen Victoria's Life Through Her Letters and Journals"
上村悦子『王朝の秀歌人 赤染衛門』（新典社）一九八四年
中江克己『世界の悪女・妖女事典―歴史を手玉にとった魔性

の女たち』（東京堂出版）二〇〇〇年
中江克己『日本史の中の女性逸話事典』（東京堂出版）二〇〇〇年
佐藤憲一『伊達政宗の手紙』（新潮社）一九九五年

スゴ母⑤鳩山春子

鳩山春子『人間の記録3 鳩山春子 我が自叙伝』（日本図書センター）一九九七年
鳩山春子『我が子の教育』（婦女界社）一九一九年
鳩山一郎『私の自叙伝』（改造社）一九五一年
「亡き母を偲びて・元文部大臣 鳩山一郎」（土屋尭編『母を語る』明治書房／一九三八年）
鳩山一郎「母を憶ふ」（『父母を語る』金星堂／一九三九年）
鳩山一郎「母と父と僕たち兄弟」（『わが母を語る』家庭新聞社出版部／一九四一年）
「鳩山一郎氏の母」（高信峡水『母の力』厚生閣／一九四〇年）
佐野眞一『鳩山一族 その金脈と血脈』（文春新書）二〇〇九年
伊藤博敏『鳩山一族 誰も書かなかったその内幕』（彩図社）二〇一〇年
私の履歴書／鳩山一郎
Wikisource https://ja.wikisource.org/wiki/

スゴ母⑥リリアン・ギルブレス

フランクB・ギルブレスJr、アーネスティン・ギルブレス・ケアリー著、上野一郎、村主よしえ訳『一ダースなら安くなる あるマネジメントパイオニアの生涯』（産能大学出版部）一九九四年
Jane Lancaster "Making Time: Lillian Moller Gilbreth – A Life Beyond "Cheaper by the Dozen""
リスペクト：職場に効率と人間性をもたらしたエンジニア、リリアン・ギルブレス
https://www.autodesk.co.jp/redshift/lillian-gilbreth/
フランク・ギルブレス&リリアン・ギルブレス 動作研究の先駆者 https://diamond.jp/articles/-/5136

スゴ母⑦マリア・モンテッソーリ

リタ・クレーマー著、平井久ほか訳『マリア・モンテッソーリ 子どもへの愛と生涯』（新曜社）一九八一年
マリオ・M・モンテッソーリ著、AMI友の会NIPPON訳・監修『人間の傾向性とモンテッソーリ教育』（風鳴舎）二〇一六年
ヘルムート・ハイラント著、平野智美・井出麻里子訳『【全訂版】マリア・モンテッソーリ その言葉と写真が証す教育者像』（東信堂）一九九九年
「マリア・モンテッソーリの障害児教育への視座」前之園幸一郎（論文掲載誌「青山学院女子短期大学紀要」59）二〇〇五年
NORTH HILL MONTESSORI "The Maria Montessori

No One Knows: A Heartbreaking Betrayal』http://www.northhillmontessori.com/the-maria-montessori-no-one-knows-a-heartbreaking- betrayal-part-1-of-2/

スゴ母⑧マーガレット・ミード

メアリー・キャサリン・ベイトソン著、佐藤良明・保坂嘉恵美訳『娘の眼から マーガレット・ミードとグレゴリー・ベイトソンの私的メモワール』(国文社)一九九三年
マーガレット・ミード著、和智綏子訳『女として人類学者として―マーガレット・ミード自伝』(平凡社)一九七五年

まだまだいるスゴ母たち

文藝春秋編『オカン、おふくろ、お母さん』(文藝春秋)二〇〇六年
黒柳朝『チョッちゃんが行くわよ』(主婦と生活社)一九八二年
黒柳徹子『窓ぎわのトットちゃん』(講談社)一九九一年
桐島洋子『渚と澪と舵―わが愛の航海記』(文春文庫)一九九七年
桐島洋子ほか『魔女のホウキに乗っかって―マザーグースと三匹の子豚たちの世界一周卒業旅行』(ハイセンス出版)一九八八年
「Ms Wendy」218号「注目の人 作家/桐島洋子さん」https://www.wendy-net.com/nw/person/218.html
桐島洋子『マザー・グースと三匹の子豚たち』(グラフ社)二〇〇六年
小池百合子『自宅で親を看取る 肺がんの母は一服くゆらせ旅立った』(幻冬舎)二〇一四年
樹木希林『この世を生き切る醍醐味』(朝日新聞出版)二〇一九年
キネマ旬報ムック『いつも心に樹木希林~ひとりの役者の咲きざま、死にざま~』(キネマ旬報社)二〇一九年
内田也哉子「『過激な母』と『見えない父』を見送り、ようやく独り立ちする時を迎えて」(『婦人公論』二〇一九年一〇月八日号)

スゴ母⑨養老静江

養老静江『ひとりでは生きられない ある女医の95年』(集英社文庫)二〇一六年
田嶋陽子『女の大老境――田嶋陽子が人生の先達と考える』(マガジンハウス)一九九七年
テレビ朝日系「グレートマザー物語『養老孟司の母・静江~息子を育てた母の壁』」(二〇〇五年四月三日放送)
養老孟司『養老孟司の人生論』(PHP研究所)二〇一六年
NHK「わたしが子どもだったころ」制作グループ『わたしが子どもだったころ2』(ポプラ社)二〇一二年
朝日新聞「(人生の贈りもの)わたしの半生 解剖学者・養老孟司:3 77歳」(二〇一五年九月一六日)
朝日新聞「(人生の贈りもの)わたしの半生 解剖学者・養老

孟司：4 77歳」（二〇一五年九月一七日）
NTTデータ「DATA INSIGHT 養老孟司（解剖学者）」

スゴ母⑩ 山村美紗

「弟から見た素顔の山村美紗」（日本エッセイスト・クラブ編『司馬サンの大阪弁』（文藝春秋）二〇〇〇年
山村美紗『山村美紗の事件簿 エッセイ集』（光文社文庫）二〇〇六年
山村美紗『美紗の恋愛推理学』（新潮文庫）一九九一年
山村美紗『ミステリーに恋をして』（光文社文庫）一九九二年
山村紅葉『京都ミステリーの現場にご一緒しましょ』（PHP研究所）二〇一五年
山村紅葉「解けない謎を残して逝ったひとトリックの女王・山村美紗の素顔」（『婦人公論』二〇〇一年三月二二日号）
西村京太郎「独占追悼手記 山村美紗さんはボクの女王だった」（『週刊朝日』一九九六年九月二七日）
「山村紅葉 初めて語る 西村京太郎先生と母・山村美紗の『愛の形』」（『Themis』97（通号93）二〇〇〇年七月）
「『母娘対談』山村美紗＋山村紅葉 作家の仕事、女優の仕事」（『In pocket』一九八九年一〇月号）
テレビ朝日系「激レアさんを連れてきた。推理作家の娘山村紅葉…トリック実験台生活」（二〇一九年一〇月五日放送）
知るぽると「『〝お嬢さん女優〟から、マルサ、そして「プロの女優」へ』女優 山村紅葉 ―くらし塾 きんゆう塾 ～インタビュー～」
https://www.shiruporuto.jp/public/document/container/kataru/045_momiji_yamamura.html TechinsightJapan「【エンタがビタミン♪】「紅葉のために、原作を書き続けねば」。「山村美紗が死ぬまで原稿に向かっていた理由。」」二〇一三年一月二九日

スゴ母⑪ アストリッド・リンドグレーン

Jens Andersen' Caroline Waight "Astrid Lindgren: The Woman Behind Pippi Longstocking (English Edition)" Yale University Press, 2018
ヤコブ・フォシェッル著 石井登志子訳『愛蔵版アルバム アストリッド・リンドグレーン』（岩波書店）二〇〇七年
三瓶恵子『ピッピの生みの親 アストリッド・リンドグレーン』（岩波書店）一九九九年
シャスティーン・ユンググレーン著、うらたあつこ訳『遊んで、遊んで、遊びました ～リンドグレーンからの贈りもの』（ラトルズ）二〇〇五年

本書は大和書房HPにて2019年6月4日から2020年 3月1日まで掲載された連載「スゴ母列伝」に加筆・修正したものです。文中に引用の文献には編集部よりふりがなを入れています。

堀越英美《ほりこしひでみ》

1973年生まれ。早稲田大学第一文学部卒業。著書に、『女の子は本当にピンクが好きなのか』『不道徳お母さん講座』（河出書房新社）など。翻訳書に、『ギークママ　21世紀のママと家族のための実験、工作、冒険アイデア』（共訳、オライリージャパン）、『世界と科学を変えた52人の女性たち』（青土社）、『ガール・コード　プログラミングで世界を変えた女子高生二人のほんとうのお話』（Pヴァイン）がある。二女の母。

スゴ母列伝《ははれつでん》

いい母《はは》は天国《てんごく》に行《い》ける　ワルい母《はは》はどこへでも行《い》ける

2020年3月20日　第1刷発行

著　者　　堀越英美《ほりこしひでみ》

発行者　　佐藤　靖

発行所　　大和《だいわ》書房

東京都文京区関口1－33－4

電話 03(3203)4511

ブックデザイン　高瀬はるか

カバーイラスト　北澤平祐

本文イラスト　梶谷牧子

編　集　藤沢陽子（大和書房）

カバー印刷　歩プロセス

本文印刷　厚徳社

製　本　ナショナル製本

ISBN978-4-479-39331-3

http://www.daiwashobo.co.jp